祈禱運動禱文

準備第二次來臨

神聖慈悲瑪麗亞

附　錄

教宗保祿六世於 1966 年 10 月 14 日頒佈

「傳信部法令 A.A.S. 58.1186」：

關於私人啟示的出版刊物，只要內容沒有違反

信德與倫理之處，無須再有

「准印」、「Nihil Obstat」或「Imprimatur」的字樣。

《祈禱運動》

天國指令的禱文

有關這本祈禱書

這本祈禱書所記載的祈禱經文不是出於人，那是由天主給與一位平凡的女人，一位已婚的母親。她在歐洲生活，被天主召叫去傳揚祂的訊息，並被給予一個名字 ──「神聖慈悲瑪麗亞」(Maria Divine Mercy)， 以表示她的使命是在末世時期傳遞天主的神聖慈悲。由 2010 年 11 月 8 日至 2015 年 3 月 4 日，她已收到 1,330 份訊息。

這些訊息顯示天主對一個罪惡滿盈的世界所有的神聖拯救計劃，包括在末世時期，邁向耶穌基督第二次來臨前將呈現的一系列事件。這些訊息、禱文、救恩聖牌和「印」都是來自天上的。

猶如在耶穌誕生的日子，天主派遣祂的先知若翰洗者去「修直主的道路」，並警告以色列國民，依撒意亞先知有關「默西亞」的預言將會實現。若翰給人們的訊息是以悔罪及心靈的淨化去預備自己以迎接「默西亞」(基督)。今天，我們接收到同樣的訊息：「默西亞」即將再來，我們必須在心靈上作妥善準備。否則我們到時將會措手不及，發現自己站在天主面前充份地暴露了個人的罪 惡。這個時刻的衝擊是不可能完全想像或理解的。

縱觀歷史，天主的先知們曾被拒絕，最明顯的例子莫如天主唯一的聖子被祂要拯救的人釘在十字架上。我們可能會認為，今時今日，天主的使者及甚至是天主，所受的待遇與若翰洗者的時代沒有差別。然而，側耳傾聽那些「在曠野裡的呼聲」是我們的本份，這要求我們放棄一切有罪的事物，並以開放的心回歸我們的造物主，願意接受天主的寬恕和祂的恩寵。

輕率地拒絕這些訊息，將如同當日拒絕了洗者若翰及耶穌基督的人們，要面對同樣的危險。接受及實踐天主的真理，會導致我們如同諾厄和羅特的家庭，能倖免即將降臨這世上的懲罰。雖然時間無多，但耶穌仍然繼續伸出祂的手與我們修和，以使整個世界沒有靈魂會喪亡。無論我們已經偏離耶穌有多遠，如果我們願意接受祂的慈悲，及讓祂進入我們的內心，當我們進入主的永恆國度時，仍可領略與造物主和好的喜悅。

主耶穌要求我們由現在到從天而來的「大警告」事件的發生，然後直到祂的再度來臨——即新地堂（地上新樂園）的出現，要每天不斷地誦唸這些禱文，為拯救全人類中的每一個靈魂，包括個人及家庭、親友、統治者、不信者、無神論者及與邪惡勾結的弟兄姊妹。

當您頌唸這些禱文時，求主開啟您的心並祈求聖神向您發言，照亮您的心並給您敏銳明辨的恩寵，以辨別所載內容的來源，好能協助您理解及接受這些禱文。

並請慷慨爲此奉獻您的寶貴時間，響應我主耶穌基督的要求。

主耶穌基督呼籲成立《祈禱運動小組》

主耶穌 2011 年 10 月 23 日的訊息節錄

我親愛的女兒，必須要知道我希望在全世界組建一個由各祈禱小組構成的軍隊。我將以祈禱文來供應我的軍隊誦唸它們，為拯救靈魂。這些祈禱小組將不斷擴展，在他們內將升起一支由虔誠的門徒所組成的真正軍隊，他們要把我關於救恩的神聖許諾的真理帶給所有人。

這些小組組成的軍隊是由我摯愛的天父所指導的。 他們將阻止撒旦和牠的信徒們所導致的邪惡的黑暗。

這些祈禱文來自天上，承諾了額外的恩寵。

它們只有一個目的，就是拯救所有人的靈魂：每個孩子、每種宗教、每種性別、每個教派，以及無神論者。這是我最強烈的渴望。你們——我的門徒們，是在我的指導下。我傾注給你們的恩寵已經結出了果實。很快，藉著這些《祈禱運動禱文》的恩寵，我賦予的能力將吸引成千上萬的新靈魂。

你們或許認為，一個小小的祈禱小組怎麼能獲得如此的皈依呢？答案很簡單，這是因為你們被我的天父保護著，並由我直接引導，因此你們必會成功。你們不可能失敗。

主耶穌 2011 年 8 月 10 日的訊息節錄

忍耐、每天沉默的祈禱、組織祈禱小組、禁食(守齋)、每天誦唸《神聖慈悲串經 》**，以及我慈愛母親的至聖玫瑰經，所有這一切，都是完美的拯救靈魂的方案。

****《怎樣唸神聖慈悲串經》，見於本《祈禱運動禱文》書末。**

《祈禱運動小組》的指導方針
(內容節錄自神聖慈悲瑪麗亞訊息的網址)

必須至少兩個人一起祈禱。漸漸地，希望更多的人會加入這個拯救靈魂的使命。這些祈禱運動禱文還可以在家中或容許聚會的公共場合誦唸。如果可能的話，這個聚會最好是在教堂裡舉行。聚會祈禱的次數越多越好。即使在開始時，每週只能有一、兩天的聚會祈禱，而且每天都有不同的人來。但是，如果你能夠每天聚會祈禱，這就達到了目的，因為至少你已經開始了。

聚會以祈禱開始：至少唸五端玫瑰經。最好的誦唸玫瑰經、祈禱運動禱文和神聖慈悲串經的方法是：慢慢地、從你的內心發出、專心於你所唸的、知道你所唸的是什麼、以及意識到你是在向誰祈禱。 要記得， 聖母許諾給那些每天唸十五端至聖玫瑰經的人，她要賜給他們一個保護圈。聖母已經要求所有不同信仰的人誦唸她的玫瑰經（玫瑰經是捆綁魔鬼的強勁鎖鏈，可平息戰事，特別是連續祈誦三串以上；若團體祈誦力量更大)。此外，**應每天誦唸所有連禱文和祈禱運動禱文 (1)，(30)，(33)，(79)，(102) 及(164)。**
〔譯者提示：誦唸**祈禱運動禱文 (130) 救恩七日敬禮的禱文**可使更多靈魂獲得救贖，有關內容請參閱 65 頁。〕

由上次祈禱聚會以後，所有最近的訊息，都應該慢慢地、帶著敬意讀出來。沒有人可以解釋這些資訊，因為耶穌已經說過，即使連神聖慈悲瑪麗亞也沒有資格解釋它們。 一個不正確的解釋能導致人們轉身離開小組。這個使命的目標是延伸到所有人：包括那些不同信仰的、或沒有信仰的人們。沒有人是被排斥在外的。複印這些訊息，分發給那些沒有電腦的人，將會是有幫助的。

在每次祈禱會應誦唸所有的連禱文及祈禱運動禱文。當人們要求添加他們自己的祈禱意向時，應該給予適當的時間。人們最好默默地說出他們的意向。或許人們可以低下頭（為他們自己的意向祈禱)，當他們唸完時，再抬起頭來。這樣你們可以繼續祈禱而不至於打斷任何人。**在誦唸《連禱文》(2) 時，最好把那些完全在黑暗中的靈魂和今天將要去世的靈魂，都包括在你們的其它意向裡。**

如果一個祈禱小組有很多組員，或許一個領導人可以站在團體的前面，這樣當人們唸完了他們的意向時，他就能知道並繼續祈禱。之後，發自內心地誦唸神聖慈悲串經，以及結束後誦唸由基督給予的下列特殊禱文。(見 2011 年 5 月 10 日的訊息)

「主啊！求祢現今以聖神的恩賜充滿我，使我將祢的至聖訊息帶給眾罪人、那些我必須因祢的名協助拯救的罪人。藉著我的祈禱，請祢幫我用祢的寶血覆蓋他們，好使他們能被吸引到祢的聖心。請賜給我聖神的恩賜，好使這些可憐的靈魂能夠陶醉在祢的新地堂。阿們。」

這串經也可以詠唱。如果時間允許，小組一起誦唸別的玫瑰經奧跡。如果不是全體都能留下直到最後一端， 建議那些能留下的人繼續唸完它們。要記得以一個小組的形式聚在一起祈禱將有極大的能力。

對資訊的討論應該局限於直接和精確的引用原文。 全體應一致地為辨別的恩賜祈禱，因為曲解這些資訊將有極大的危險。如果你覺得某一個資訊難以理解，建議把它放在祈禱中。

如果小組成員眾多，可以輪流誦唸玫瑰經。不要倉促是非常重要的。作為天主的神聖軍旅的一部分，這些祈禱小組將要在這場拯救靈魂的戰役中做出傑出的貢獻。祈禱就是武器。請謹記：祈禱做的越好，武器就越鋒利。

雖然主基督要求我們在下午三點鐘誦唸神聖慈悲串經， 祂也要求我們在一天中多次誦唸它。

耶穌給《祈禱運動小組》的指示

你們祈禱時必須準備好聖水在身旁，還要在場地安放我的十字架，並誦唸這特殊《祈禱運動》禱文，使我降福和保佑你們的祈禱運動小組。

主耶穌要求所有《祈禱運動小組》在每次聚會開始和結束時，須誦唸這篇禱文：

祈禱運動禱文（96）降福和保護我們的《祈禱運動小組》

親愛的耶穌啊！請降福和保佑我們，祢的《祈禱運動小組》，使我們在拯救靈魂的神聖使命上，不至受阻於魔鬼的邪惡攻擊和折磨。賜予我們保持忠誠和堅強，使我們在世人面前堅持祢的聖名，並永不放棄奮力傳揚祢聖言的真理。阿們。

目　　錄

耶穌給人類的《連禱文》

《祈禱運動禱文》
(**聖職人員誦唸)

頁數

耶穌給人類的《連禱文》

耶穌給人類的連禱文（1）防止假先知的欺騙

最親愛的耶穌，請從假先知的欺騙中拯救我們。
耶穌，求祢垂憐我們。
耶穌，從迫害中拯救我們。
耶穌，從「反基督」手中保護我們。
上主，求祢垂憐。基督，求祢垂憐。
最親愛的耶穌，請以祢的寶血覆庇我們。
最親愛的耶穌，開啟我們的眼睛去看清假先知的謊言。
最親愛的耶穌，請團結祢的教會。耶穌，請保護我們的聖事。
耶穌，請不要讓假先知分裂祢的教會。
最親愛的耶穌，幫助我們拒絕偽裝成真理出現在我們面前的謊言。
耶穌，請給我們力量。
耶穌，請給我們希望。
耶穌，請以聖神浸潤我們的靈魂。
耶穌，從「巨獸」手中保護我們。
耶穌，請賜給我們明辨的恩寵，使我們能始終跟隨祢真教會的道路，直到永永遠遠。阿們。

耶穌給人類的連禱文（2）為免下地獄的《豁免權》的恩典

至尊至高的天父啊！我愛祢。我尊崇祢。主，求祢垂憐。
主，請寬恕我們的罪過。我敬拜祢。我讚美祢！
為祢賜予的一切特恩，我感謝祢。
我懇求祢賞賜「豁免權」的恩寵給我親愛的（名字）。
我時刻向祢獻上我的忠誠。

祢、至尊高的天父、萬物的創造者、宇宙的創造者、人類的創造者，祢是一切的源頭。
祢是愛的泉源。祢是真愛。我愛祢。我尊崇祢。
我將自己置於祢面前，為所有不認識祢、不榮耀祢和拒絕祢慈悲之手的靈魂祈求慈悲。
我將身、心、靈奉獻給祢，好使祢把它們擁入祢的懷抱，從而免陷於邪惡。
我求祢打開新地堂之門，使祢所有的子女最終能夠團聚，一起繼承祢為我們所創建好的產業中。阿們。

耶穌給人類的連禱文（3）爲護衛天主的聖言

親愛的耶穌啊！從冒犯天主的謊言中保護我們。在撒旦及其軍隊中保護我們。幫助我們更愛慕祢。在這場戰鬥中支撐我們。保衛我們的信仰。
把我們帶到祢安全的避難所。幫助我們站起來維護祢的聖意。
增強我們做祢真正門徒的決心。給我們勇氣。給我們信心。
在真理的道路上引導我們。保衛我們抵抗仇敵。把祢的保護恩寵傾注給我們。幫助我們躲避誘惑。帶我們更靠近祢的聖心。幫助我們時刻向祢效忠。阿們。

耶穌給人類的連禱文（4）為減輕天父所施的懲罰

至尊高的天主啊！我們為祢子女們的罪懇求憐慈憫。
我們為大地這厚禮感謝祢。
我們為人類生命這禮物感謝祢。
我們珍惜生命這恩賜。
我們維護生命這恩賜。
我們為祢的聖子、耶穌基督這恩賜感謝祢。
我們為救贖的恩賜感謝祢。我們稱頌祢的天主性。
我們完全降服在祢面前，好使祢的聖意奉行於地，如同在天上。
我們為真光照良心這恩賜感謝祢。
我們為永生的應許感謝祢。
我們歡迎「新地堂」的到來。
我們懇求祢拯救所有的靈魂，包括那些折磨祢和失落於祢的人。
我們感謝祢向祢所有的子女彰顯的愛。
我們為預言的恩賜感謝祢。
我們為祈禱的恩賜感謝祢。
我們祈求祢賜給我們平安和救恩。阿們。

耶穌給人類的連禱文（5）為拯救犯了大罪的靈魂

耶穌，請從地獄永火中拯救所有的罪人。寬恕熏黑了的靈魂，幫助他們看到祢。
從黑暗中舉起他們，開啟他們的眼睛，打開他們的心扉。
請向他們顯示真理。拯救他們。幫助他們去聆聽。
使他們擺脫驕傲、肉慾和嫉妒，保護他們免於邪惡。
請俯聽他們呼救，握住他們的手，拉他們歸向祢。
從撒旦的欺騙中把他們拯救出來。阿們。

耶穌給人類的連禱文（6）求賜聖寵

最親愛的耶穌啊，我心愛的救主啊！
請以祢的愛充滿我。請以祢的力量充滿我。
請以祢的智慧充滿我。請以祢的堅忍充滿我。
請以祢的謙卑充滿我。請以祢的勇氣充滿我。
請以祢的苦難充滿我。阿們。

《祈禱運動》禱文

祈禱運動禱文（1）將自己作為禮品奉獻給耶穌去救靈魂

（應每天誦唸）

我最親愛的耶穌，祢如此愛我們，請讓我以我卑微的方式，協助祢拯救祢所珍愛的靈魂。求祢垂憐所有罪人，無論他們如何嚴重地得罪了祢。容許我以祈禱和忍受痛苦，來幫助在「大警告」發生時可能無法生還的靈魂，使他們能在祢的神國內，尋得祢身邊的一席之地。甘飴的耶穌啊！求祢俯聽我的祈禱，來幫助祢贏得那些祢所渴望拯救的靈魂。

耶穌聖心啊！我承諾在任何時候，都忠於祢至聖的旨意。阿們。

祈禱運動禱文（2）為全球的統治者祈禱

我永恆之父，因祢愛子耶穌基督之名，懇求祢保護祢的子女，免受全球霸權勢力對無辜民族策劃的迫害。我為導致這苦難的靈魂祈求罪的寬恕，以使他們都能以謙卑悔過的心轉向祢。因我們的主基督，請祢賜力量給遭受折磨的孩子，他們正為世界的罪惡做補贖，而承受如此的痛苦。阿們。

祈禱運動禱文（3）使世人擺脫所受的恐懼

吾主耶穌基督啊！我懇求祢讓世人擺脫所受的恐懼，以免靈魂與祢的慈愛聖心分離。我為那些將在「大警告」期間經歷真實恐懼的靈魂祈求到時能抑制恐懼，並容許祢的慈悲浸透他們的靈魂，使他們能自由地以應有的方式愛祢。阿們。

祈禱運動禱文（4）團結所有的家庭

主耶穌，請在「大警告」期間，團結所有的家庭，使他們可以獲得永恆的救恩。我祈求所有家庭能和耶穌祢聯合在一起，使他們得以繼承祢降臨於世的新地堂。阿們。

祈禱運動禱文（5）讚頌至尊至高的天主

永恆之父啊！為祢賜予全人類慈悲這份珍貴的大禮，我們懷著喜悅的感恩之情，向祢獻上我們的祈禱。因祢的慈愛和溫柔的慈悲，我們歡欣地向祢，我們至榮耀的君王，獻上我們的讚頌和敬拜。至尊高的天主，祢是我們的君王，為了祢現在帶給我們的恩賜， 我們謙卑地俯伏在祢腳下事奉祢。天主，請垂憐祢所有的子女。阿們。

祈禱運動禱文（6）制止「反基督」的禱文

主耶穌啊！我祈求天主以祂的憐憫，制止「反基督」及其邪惡軍隊製造恐怖事端，以及使祢的子民遭受痛苦。我們祈求祢制止牠，並因著在「大警告」期間人們的誠心悔改，使懲罰之手得以避免。阿們。

祈禱運動禱文（7）為拒絕接受慈悲之人的禱文

耶穌，我迫切地請求祢原諒罪人——那些拒絕祢慈悲之光的晦暗無知靈魂。耶穌，我懇求祢寬恕他們，把他們從他們自己都感到如此難以自拔的罪惡中拯救出來。請以祢的慈悲之光湧入他們的心靈，並讓他們有機會重新回到祢的羊棧。阿們。

祈禱運動禱文（8）辦告解（透過聖職人員向耶穌懺悔）

最親愛的耶穌，我懇求祢寬恕我所有的罪過，並寬恕我曾帶給別人的傷害和痛苦。我謙卑地祈求祢的恩寵，以免再次冒犯祢，並且按祢至聖的旨意獻上補贖。我為我將來可能參與的、導致祢痛苦和受難的一切罪過懇求寬恕。請帶我與祢一起跨入「和平的新紀元」，好使我能成為祢永恆大家庭的一分子。耶穌，我愛祢，我需要祢。我尊崇祢以及祢所主張的一切。耶穌，請祢幫助我，好使我配得起進入祢的王國。阿們。

祈禱運動禱文（9） 獻上痛苦作為禮品

耶穌至聖聖心啊！當我懷著謙恭感恩之心宣講祢的聖言時，請教導我因祢的聖名忍受羞辱。教我懂得屈辱、痛苦和患難，是如何使我更靠近祢的聖心。允許我懷著愛和慷慨的精神接受這些試煉，好能作為最珍貴的禮品呈獻給祢，以挽救靈魂。阿們。

祈禱運動禱文（10）傳承祢的愛火

親愛的耶穌，請幫助我們因祢的名無所畏懼地奮起，在所有國家傳遞祢愛的火焰。請賜予祢的子女力量，在那些尚未全心相信祢慈悲的人群中，勇敢地面對我們所要承受的侮辱。阿們。

祈禱運動禱文（11）為中止對神視者的憎恨

耶穌聖心啊！請遏止祢的追隨者心中，對祢在這時代興起的真正神視者的憎恨和嫉妒。我祈求祢俯允我們的祈禱，賜給祢的神視者所需的力量，以向這個不信的世界傳揚祢的至聖聖言。阿們。

祈禱運動禱文（12）祈禱以避免驕傲的罪惡

我主耶穌啊！當我以祢的名說話的時候，幫助我避免驕傲的罪惡。如果我曾經因祢的聖名輕視了任何人，請祢原諒我。耶穌， 當祢的聲音傳達時，請幫助我去傾聽，並以祢的聖神充滿我，使我能夠在祢召喚人類時，辨認出祢聖言的真理。阿們。

祈禱運動禱文（13）呼求免於永罰的禱文

*天父說：「孩子，我鄭重承諾，你因我愛子耶穌基督之名求我去拯救的兄弟姐妹，將立刻得赦。凡你們為其祈禱**整整一個月**的靈魂，會得到特別的恩寵。」*

天父，藉著祢愛子耶穌基督在十字架上從罪惡中拯救我們的愛，請拯救仍拒絕祂慈悲之手的人。親愛的聖父，以祢愛的標記澆灌他們的靈魂。天父，我懇切祈求祢俯聽我的祈禱，從永罰中拯救他們。藉著祢的仁慈，允許他們首先進入降臨於世的「和平於世的新時代」。阿們。

祈禱運動禱文（14）祈求天父在核戰的威脅中賜予護佑

全能的父，尊高的天主啊！請憐憫所有罪人。請打開他們的心接受救恩，並獲得豐富的恩寵。請俯聽我為我的家庭作出的懇求，並使人人都在祢的慈愛聖心中找到護佑。至神聖的天父啊！請護佑祢所有在世的子女免於遭遇核戰爭，或其他毀滅祢子女的計畫。請使我們遠離所有傷害，並保護我們。光照我們，使我們得以張開眼睛，聽到並接受使我們獲救的真理，使我們的靈魂再沒有任何恐懼。阿們。

祈禱運動禱文（15）感恩神聖慈悲的大禮

我的天父啊！我們懷著深深的謝忱，向祢派遣救主進入世界所作的犧牲表示敬意。我們懷著喜樂和感恩之心向祢獻上祈禱，謙卑地感謝祢恩賜祢的子女這神聖慈悲的大禮。至尊高的天主啊！請使我們懷著感恩之心，相稱地接受這偉大的慈悲。阿們。

祈禱運動禱文（16）接受在「大警告」期間賜予的恩寵

我主耶穌啊！請讓我在祢偉大慈悲的試驗期間保持堅強。賜給我所需的恩寵，以使我在祢面前變得微小。請張開我的眼睛正視祢所應許的永遠救贖真理。寬恕我的罪過，並顯示給我祢的愛和友情。將我擁入祢神聖之家的懷抱，使我們能再次合而為一。耶穌，我愛祢，並承諾從今以後，我內心將無所畏懼地宣講祢的聖言， 並保持靈魂的純潔直到永永遠遠。阿們。

祈禱運動禱文（17）為黑暗中的靈魂向救恩之母祈求的禱文

瑪利亞無玷聖心，救恩之母和諸寵中保啊，您，從撒旦的邪惡中拯救全人類的參予者，請為我們祈禱。救恩之母，請為所有靈魂祈求，使能獲得救贖，並接納祢聖子我們的主耶穌基督向我們顯示的愛和慈悲，祂會再次降臨拯救人類，並賜予我們永遠得救的機會。阿們。

祈禱運動禱文（18）阻止「反基督」及牠的組織

親愛的耶穌啊！請祢從「反基督」的勢力中拯救世界。從撒旦邪惡的圈套中保護我們。從邪惡勢力中拯救祢教會最後的遺民。賜給祢所有教會所需要的力量與恩寵，以保護我們抵禦撒旦及其恐怖勢力所籌畫的戰爭和迫害。阿們。

祈禱運動禱文（19）為青年人祈禱

救恩之母，我求您為生活在可怕黑暗中的青年的靈魂祈求慈悲，使他們在您心愛的聖子來到世上贖回全人類時認出祂。願沒有一個靈魂倒在路邊。願沒有一個靈魂拒絕祂的大慈大悲。我祈求聖母使所有人都得救，並求您以您的神聖披肩覆庇這些靈魂，為他們提供所需的保護，以免落在欺謊者手中。阿們。

祈禱運動禱文（20）阻止「反基督」破壞世界

天主聖父啊！因祢珍貴聖子之名，我呼求祢阻止「反基督」誘捕祢子女的靈魂。全能的聖父，我祈求祢阻止牠對祢子女施以恐怖打擊。我祈求祢阻止牠玷污祢的受造物，並求祢憐憫那些無力反抗牠的可憐的靈魂。親愛的天父，請垂聽我的祈禱，並從這可怕的凶惡中拯救祢所有的孩子。阿們。

祈禱運動禱文（21）為人類的救贖對天父感恩

至聖的天主，人類全能的創造者！為了祢對人類的愛和憐憫，我們讚美祢、感謝祢。為了祢把這救贖之恩賜給祢可憐的兒女，我們感謝祢。上主啊！我們懇求祢拯救追隨那邪惡者的人，使他們對獲享永生的真理敞開心扉。阿們。

祈禱運動禱文（22）天主教神職人員應持守教會的訓導

（聖職人員誦唸）

我心愛的耶穌啊！請堅固我，使我對祢的愛火每天的任何時刻都持續燃燒。永不要讓我對祢的愛火閃爍不定或熄滅。千萬別允許我在受誘惑時軟弱下來。請給我所需的恩寵，使我重視我的聖召、我的奉獻生活、我的忠誠，並持守正統天主教教會的教導。任何時候我都向祢獻上我的忠誠。我誓守承諾，在祢的戰營中作戰， 好當祢再來時，天主教教會能夠在榮耀中重新崛起迎接祢，親愛的耶穌。阿們。

祈禱運動禱文（23）為教宗本篤十六的安全祈禱

永恆之父啊！為祢愛子耶穌基督和祂從罪惡中救拔世界所受的痛苦，我祈求祢保護祢的至聖代牧，教宗本篤十六，在世的教會首領，使他能協助祢拯救祢的子女和神職人員，免陷於撒旦和遍地巡行竊取靈魂的墮落天使的蹂躪。天父啊！請保護祢的教宗，引導祢的子女走向新地堂的真理之路。阿們。

祈禱運動禱文（24）為獲得全大赦

耶穌說：「如果條件不允許你們辦告解，那麼，連續七天誦唸我賜的《祈禱運動禱文》（24）以獲得全大赦及聖神的德能。」

我的耶穌啊！祢是世界之光。祢是感動所有靈魂的火焰。祢的慈悲和愛是無限的。我們當不起祢死在十字架上的犧牲；然而，我們知道祢對我們的愛遠超過我們對祢的愛。主啊！請賜我們謙卑之恩，使我們相稱於進入祢的新國度。請以聖神充滿我們，使我們能整裝前行，率領祢的勇兵去宣揚祢的聖言真理，並為我們的兄弟姊妹，準備好迎接祢第二次光榮臨世。

我們尊崇祢，我們讚美祢。為了拯救靈魂，我們把自己及我們的悲傷和痛苦作為禮品奉獻給祢。耶穌，我們愛祢。求祢憐憫祢所有的子女，無論他們身處何方。阿們。

祈禱運動禱文（25）為保護世界各地的神視者

尊高的天主啊！我懇求祢保護所有在世上祢的神聖使者。我祈求祢在他人的仇視中保護他們。求祢使祢的至聖聖言能迅速在全世界傳播。請在誹謗、虐待、謊言及各種危險中保護祢的使者。保護他們的家庭並時刻以聖神覆庇他們，好使世人以痛悔和謙卑的心回應他們廣傳給世界的訊息。阿們。

祈禱運動禱文（26）誦唸玫瑰經以拯救你們的國家

*2012 年 2 月 5 日，聖母在訊息中敦促世人誦唸她的至聖玫瑰經，以幫助拯救各人所在的國家：「永遠不要忘記我至聖玫瑰經的重要性，因為當你們每天誦唸它時，能夠幫助拯救你們的國家。當你們誦唸我的玫瑰經，撒旦的勢力就會被削弱。牠會極度痛苦地掉頭離去，並變得毫無能力。最重要的是，無論你們屬於任何基督信仰派別，**至少每天誦唸這經文一次**。」*

〔**唸玫瑰經前的禱文**〕

至聖玫瑰之后啊！您屈尊來到法蒂瑪，向三個牧童揭示了藏在玫瑰經中的恩寵珍寶。求您啟發我心，賜我真誠地喜愛這敬禮，藉著內心默想玫瑰經中所紀念的二十端救贖奧跡，使我從它的果實得到滋養，並為世界獲得和平、罪人與俄羅斯皈依，以及我唸這玫瑰經所求於您的恩典（提出請求）。我這樣祈求，是為天主更大的光榮和您的榮耀，並為人靈的益處，尤其為我靈魂的益處。阿們。

《怎樣唸玫瑰經》及其 20 端奧跡與經文，見於本《祈禱運動禱文》書末。

祈禱運動禱文（27）為世界和平祈禱

我的耶穌啊！我懇求祢垂憐那些遭遇可怕戰爭的人。我求祢把和平灌輸給飽受折磨的國家，它們無視祢的存在這的真理。請以聖神的德能覆庇它們，好能停止追求控制無辜靈魂的權力。求祢垂憐所有無力對抗這籠罩普世的邪惡行動的國家。阿們。

祈禱運動禱文（28）為所有基督教會的合一而祈禱

尊高的天主啊！我們俯伏祢面前，求賜祢所有的子女合而為一，為祢的眾基督教會存留於世而奮鬥。在當今世界的大叛教時刻，請不要讓我們的分歧分裂我們。親愛的天父，因著我們對祢的愛，我們懇求祢賜我們恩寵，讓我們因祢可愛聖子我們的救主耶穌基督的聖名而彼此相愛。我們尊崇祢。我們愛慕您。在將要面對的考驗中，我們要為信仰祢的眾基督教會存留於世而團結奮戰。
阿們。

祈禱運動禱文（29）保護實踐基督信仰

我主耶穌基督啊！我懇求祢以聖神澆灌祢所有的兒女。
求祢寬恕那些內心仇恨祢的靈魂。我祈求祢使無神論者在祢的「大慈悲」時辰，能打開他們硬化了的心，而那些熱愛祢的子女，能夠克服一切迫害困擾，不失尊嚴地榮耀祢。
請以祢聖神的恩典充滿祢的子女，使他們能勇敢地站起來，帶領祢的勇兵進入最終的決戰，對抗撒旦和牠的惡魔，以及所有被牠的虛假承諾所奴役的靈魂。阿們。

祈禱運動禱文（30）為避免戰爭、饑荒和宗教迫害的禱文

（應每天誦唸）

我的永生天父啊！宇宙萬物的創造者。因祢寶貴聖子之名，我懇求祢使我們更加愛祢。助佑我們在逆境中勇敢、無畏、堅定。請接受我們的犧牲、痛苦和考驗，作為在祢寶座前奉獻的禮品，以拯救祢在世的子女。請軟化不潔靈魂的心，打開他們的眼睛，好認識祢愛的真相，使他們能加入祢子女的行列，一同集結在祢為我們，按照祢神聖的旨意，以慈愛創造的新地堂裡。阿們。

祈禱運動禱文（31）保護鏈禱文

我的耶穌啊！我呼求祢的聖神降臨到那些被性慾、貪慾、貪婪和傲慢所驅使的領導人心中，使他們停止迫害祢的無辜子女。我求祢阻止貧窮、饑餓和戰爭吞噬祢的子女，並求祢使歐洲的眾領導者，能向祢愛的真理敞開心扉。阿們。

祈禱運動禱文（32）阻止在愛爾蘭的墮胎合法化

救恩之母啊！請為您在愛爾蘭的子女祈禱，以免我們被迫遭受墮胎惡行的衝擊。請保護這個聖潔的國家，以免日漸深陷於籠罩著這個國家的黑暗絕境中。使我們擺脫想摧毀妳尚未出世的孩子的惡者。求您讓那些領導者勇於傾聽愛您聖子的人的話語，使他們得以隨從我們的主耶穌基督的教導。阿們。

祈禱運動禱文（33）報謝我的*「印」*，以愛、喜悅和感恩之心接受它 *（應每天誦唸）*

我的天主，慈愛的天父啊！我以愛和感恩之心接受祢的神聖保護之*印*。祢的天主性全然包容著我的身體和心靈直至永永遠遠。

我謙卑地俯首稱謝，並獻給祢，我摯愛的天父，我這份深深的愛與忠誠。我懇求祢以這特殊的*印*，保護我和我所愛的人。

我承諾我的一生都為祢服務，直到永遠。

親愛的天父，我愛祢。親愛的天父，處在當今時日，我要安慰祢。為賠補普世的罪過，並為祢所有子女都得救，我把祢至愛之子的聖體、聖血、靈魂和天主性奉獻給祢。阿們。

祈禱運動禱文（34）獻給耶穌齋戒之禮（四旬期）

我主耶穌啊，引導我以我卑微的方式，效法祢犧牲生命以拯救人類。在整個四旬期間，請允許我每週一天向祢獻上齋戒之禮，為拯救全人類，使他們能進入祢降臨於世新地堂的大門。親愛的耶穌，我將我的犧牲連同內心的愛和喜樂奉獻給祢。我透過這種犧牲，向祢顯示我愛的深度，以懇求祢拯救每一個可能失落恩寵的靈魂。阿們。

祈禱運動禱文（35）為靈魂進入地堂的禱文

我的耶穌啊！請幫助我協助祢營救祢地上倖存的子女。因著祢的慈悲，我祈求祢從黑暗的邪靈手中挽救靈魂。請收納我此生的考驗、痛苦及哀傷，為從地獄永火中拯救靈魂。請以恩寵充滿我，使我能以內心的愛和喜樂向祢獻上這些苦難，好使我們全體都在至聖聖三的愛內合而為一，宛若一個神聖的家庭，並與祢一起生活在地堂裡。阿們。

祈禱運動禱文（36）擺脫「新紀元信仰」的禱文

耶穌，請幫助我，我感到失落和迷惘。我不知道死後生命的真相。如果我因敬拜了那虛謬的假神而得罪了祢，求祢寬恕我。拯救我並助我看清真相，救我擺脫靈魂的黑暗，使我進入祢慈悲之光中。阿們。

祈禱運動禱文（37）為天主子女團結合一

親愛的耶穌啊！請以愛來團結祢所有心愛的追隨者，好使我們能向全世界傳揚祢許諾的永恆救恩的真理。我們祈求祢使那些害怕把身、心、靈奉獻給祢的冷淡靈魂卸下自己驕傲的盔甲，並對祢的愛打開心扉，成為祢世上神聖大家庭的成員。

親愛的耶穌，請擁抱所有迷失的靈魂，作為他們的兄弟姐妹，請允許我們用愛把他們從荒漠中救拔出來，並帶領他們與我們一起進入至聖聖三那愛與光明的懷抱中。我們把所有的希望、信賴和愛置於祢聖潔的手中。我們懇求祢擴展我們的熱忱，使我們能夠協助祢拯救更多靈魂。阿們。

祈禱運動禱文（38）為拯救天主教教會

救恩之母啊！請為處在險惡艱難時勢的天主教教會祈禱，也為我們敬愛的教宗本篤十六世祈禱，請減輕他的痛苦。我們懇求您，救恩之母，以您的披肩覆庇天主的聖僕，使他們獲得恩寵，在面臨考驗時，變得堅強、忠誠和勇敢。也請為他們祈禱，使之按照天主教的真實訓導牧養羊群。

天主之母啊！請您賜予我們這世上僅剩的遺民教會領導的神恩，

使我們能協助帶領所有人靈，邁向您聖子的神國。救恩之母，我們懇求您，在您聖子的追隨者探索保衛自己的靈魂時，使欺謊者遠離他們，使他們堪配邁進新地堂的大門內。阿們。

祈禱運動禱文（39）幫助他們為新地堂做好準備

耶穌說：「賜給你們《祈禱運動禱文》（39），使你們可以在所有天主子女之中走動，並幫助他們為新地堂和我的第二次來臨做好準備。」

耶穌，親愛的救主，請以祢的聖神覆庇我，好使我能以權威來宣講祢的至聖聖言，為預備所有的天主子女迎接祢第二次來臨。主耶穌，我懇求祢賜我所需的恩寵，使我能觸動所到之地的信仰、宗教和民族。助佑我以祢的唇舌宣講，以祢的口吻來安慰可憐的靈魂，並以祢聖心流出的神聖之愛，愛所有靈魂。請幫助我拯救祢珍愛的靈魂。親愛的耶穌，當迷失的靈魂繼續拒絕祢的慈悲時，讓我來安慰祢。耶穌，沒有祢我就一無是處；但有了祢的慷慨扶持，我將因祢的名奮力拯救全人類。阿們。

祈禱運動禱文（40）為神職人員預備人靈迎接主耶穌第二次來臨的禱文*（聖職人員誦唸）*

我主耶穌啊！我只是一個卑微的僕人，需要祢來指引我，好為眾靈魂迎接祢的第二次光榮到來作好準備。請助佑我歸化靈魂，並按照祢的聖意為他們做好準備，使他們能相稱地進入因著祢在十字架上的死亡，而許諾給全人類的新天新地。請賜我所需的恩寵，使我能將祢的聖言傳授給乾渴的靈魂，並使我絕不放棄我對祢， 我親愛的主耶穌應盡的職責，即我所許下要忠貞於祢的神聖誓願。阿們。

祈禱運動禱文（41）為非信徒的靈魂祈禱

主耶穌啊！請幫助那些對祢救恩的應許盲目無知的可憐孩子。我懇求祢，藉著我的祈禱和受苦，打開非信徒的眼睛，使他們能看到祢溫柔的愛，而投奔到祢神聖的臂彎裡領受保護。
請幫助他們看到真理，並為他們的所有罪過尋求寬赦，好使他們能得救，並率先進入新地堂大門內。
我為這些可憐的男人、女人和兒童的靈魂向祢懇求赦罪。阿們。

祈禱運動禱文（42）禁食禱告，以阻止世界統一貨幣面世

至高的天主啊！我獻給祢我的齋戒，好使祢阻止全球邪惡勢力正策劃的涉及我國的饑荒，包括生命之糧。請接納我的奉獻，聆聽我為其他國家的請求，從「反基督」所設計的苦難中保護他們。 親愛的上主，把我們從這邪惡拯救出來，並保護我們的信仰，使我們能擁有愛祢和朝拜祢所需的自由來光榮祢，直到永永遠遠。阿們。

祈禱運動禱文（43）在「大警告」發生之際拯救靈魂

全能的天主聖父啊！為了祢愛子耶穌基督，並念及祂為了救拔我們於罪惡而死在十字架上，我懇求祢拯救那些無法自救的靈魂，以及可能在「大警告」發生之際死於大罪中的靈魂。為了賠補祢愛子的苦難，我懇求祢寬恕那些無法尋獲救恩的人，因為他們會沒有足夠的時間，尋求祢聖子耶穌的憐憫，把他們從罪惡中釋放出來。阿們。

祈禱運動禱文（44）祈求力量捍衛我的信仰以對付「假先知」

親愛的主耶穌，請賜我力量好專注於祢的教導，並時刻宣揚祢的聖言。永不要允許我被誘去崇拜那企圖公然冒充祢的「假先知」。請讓我對祢的愛保持強韌。請賜給我明辨的恩寵，使我絕不致否認收錄在聖經裡的真理——不管有多少慫恿我背棄祢真理的謊言擺在我面前。阿們。

祈禱運動禱文（45）為克制消極的思想祈禱

主耶穌啊！有關祢的一切，我知道的很少，請祢幫我打開心門，讓祢進入我的靈魂，以便醫治我、安慰我，並以祢的平安充滿我。請幫助我感受到喜悅，克制所有負面的思想，並學習如何令祢欣慰，好能進入祢的新地堂，與祢共度愛、喜樂和令人讚歎的生活直到永永遠遠。阿們。

祈禱運動禱文（46）從撒旦的枷鎖中釋放我

耶穌啊！我迷失了。我很困惑，感覺如同一個陷入羅網無以脫身的囚犯。耶穌，我相信祢會來幫助我，並從撒旦及其惡魔的鎖鏈中釋放我。請幫助我，因我迷失了。我需要祢的愛來給我力量以相信祢並信靠祢，好使我能從這邪惡中得以自保，得見真光，最終找到平安、愛與幸福。阿們。

祈禱運動禱文（47）重新點燃對耶穌的愛

榮福的母親，整個世界的救恩之母啊！請為我能對耶穌重燃愛火而祈禱。幫我感受到祂愛的火焰，並使之充滿我的靈魂。幫我更愛耶穌。我求您把我對祂的信心、愛和熱誠變得更強烈。消除折磨我的疑慮，幫我清楚地看到從您摯愛聖子，全人類救主身上散發的真理之光。阿們。

祈禱運動禱文（48）祈求傳揚基督第二次來臨的恩寵

我的耶穌啊！為了眾靈魂的得救，請賜予我恩寵，以向全人類宣揚祢的聖言。請將聖神傾注在我，祢卑微的僕人身上，使祢的聖言可以被人聽到並接納，特別是最需要祢憐憫的靈魂。請幫我時刻尊重祢的聖意，且絕不侮辱或譴責拒絕祢慈悲之手的人。阿們。

祈禱運動禱文（49）神職人員承諾忠貞的祈禱*（聖職人員誦唸）*

主耶穌啊！我是祢卑微的僕人，我向祢誓許我的愛和忠誠。懇求祢賜給我蒙召的標記。幫我打開眼睛，見證祢的承諾。請以聖神的恩寵祝福我，讓我不致受騙於那些聲稱因祢的名而來，卻不講真理的人。請顯示真理給我。讓我感受到祢的愛，使我能奉行祢的至聖旨意。我以謙卑的心，求祢指示給我協助祢拯救人靈的道路。阿們。

祈禱運動禱文（50）耶穌！請幫助我認識祢是誰

親愛的主耶穌啊！請幫助我認識祢是誰。原諒我之前沒有跟祢交流。助佑我在有生之年尋獲平安，顯示給我永生的真理。求祢撫慰我的心靈。減輕我的憂慮。賜我平安。現在請打開我的心，使祢能以愛充滿我的靈魂。阿們。

祈禱運動禱文（51）為聖神的恩賜祈禱

聖神啊！求祢降臨。向我卑微的靈魂傾注祢的愛、智慧和明達之恩。請以真理之光充滿我，使我能從撒旦及其黨羽散佈的謊言中，認清天主的真理。幫助我握緊火炬，並向所有我遇到的人，傳遞聰敏的火焰，因我們的主基督。阿們。

祈禱運動禱文（52）向天父禱告

我最親愛的父親，因祢至珍貴聖子之名，並為紀念祂在十字架上的苦難聖死，我向祢呼號。祢，至高者天主，普世萬物的創造者，請將我們的救恩把握在祢聖手中！請擁抱祢所有的孩子，包括那些不認識祢或認識祢卻不跟隨祢的人。請寬恕我們的罪過，從撒旦及其軍旅的迫害中拯救我們，把我們擁入祢的懷抱，以我們所需要的希望充滿我們，好能看清真理之路。阿們。

祈禱運動禱文（53）為天主教教會祈禱

天父啊！因祢心愛的聖子之名，我懇求祢賜給聖職人員所需要的力量和恩寵，以幫助他們抵禦所要忍受的迫害。請幫助他們堅守祢的聖子耶穌基督所教導的真理，對針對聖體聖事捏造的謊言永不姑息縱容、示弱或順從。阿們。

祈禱運動禱文（54）祈求天父削弱第三次世界大戰的影響

天父啊！因祢心愛聖子耶穌基督之名，祂為了人類的罪惡承受了極大的痛苦，請在我們面臨的這困難時期幫助我們！請在貪婪的統治者和企圖毀滅祢教會和孩子的人所謀劃的迫害中，幫助我們得以倖存。我們哀求祢，親愛的天父，求祢幫助我們養活我們的家庭，並拯救那些被迫參戰者的生命。親愛的天父，我們愛祢。我們懇求祢在我們需要時助佑我們。從反基督的掌控中救出我們。幫助我們拒絕接受那「巨獸」的印記而生存下去。請時刻幫助那些愛祢、忠於祢的聖言真理的人，好使祢能賜予我們恩寵， 以保存我們的身體和靈魂。阿們。

祈禱運動禱文（55）為「大警告」作準備

我親愛的耶穌啊！請使所有天主兒女打開心扉，接納祢偉大慈悲的宏恩。請幫助他們以愛和感恩之心接受祢的神聖慈悲。使他們在祢面前變得謙卑，並為他們的罪乞求寬恕，好使他們成為祢光榮國度的一分子。阿們。

祈禱運動禱文（56）祈求保護聖體聖事*（聖職人員誦唸）*

親愛的天父啊！因祢心愛聖子之名，祂為了全人類在十字架上犧牲了自己，請幫助我對真理保持忠誠。請以祢聖子的寶血覆庇我，賜我恩寵在餘下的牧職期內，透過信心、信賴與崇敬，繼續服事祢。永不要讓我偏離感恩聖祭或祢賜予眾子女的聖體聖事的真正意義。請賜我力量成為祢的代表，並按羊群所需的方式，以祢聖子耶穌基督，人類救主的聖體、聖血、靈魂及天主性來牧養祢的羊群。阿們。

祈禱運動禱文（57）耶穌，請讓我聽到祢的呼召*（聖職人員誦唸）*

我親愛的耶穌啊！請開啟我的耳朵，使我能夠聽到祢的發言。開啟我的心，以回應祢愛的召叫。以聖神充滿我的靈魂，使我能夠在這個時刻認出祢來。對於祢要求我的一切，我向祢獻上謙卑的忠誠。請幫助我分辨真理，並奮起、響應、跟隨祢的聲音，使我能夠協助祢拯救全人類的靈魂。祢的旨意就是對我的命令。請賜我勇氣以跟隨祢的引導，使我能夠披戴上所需的盔甲，引領教會邁向祢的新國度。阿們。

祈禱運動禱文（58）為皈依而征討

親愛的耶穌啊！我呼求祢擁抱所有的天主子女，並以祢的寶血覆庇他們。讓祢的每一滴寶血覆庇每一個靈魂，使他們免受邪惡者陷害。

請打開所有人的心，尤其是那些內心頑硬的，以及認識祢卻沾染了驕傲之罪的，使他們能跪下，呼求祢以聖愛之光浸透他們。

請打開他們的眼睛看到真理，好使祢神聖慈悲的曙光傾瀉在他們身上，使他們被祢的慈悲光芒所籠罩。親愛的耶穌，藉著我現在向祢求得的恩寵（說出個人的意向），請歸化所有的靈魂。

我祈求祢的慈悲並獻給祢（在這 6 月份）每週一天的齋戒作為禮品，以賠補所有的罪過。阿們。

祈禱運動禱文（59）忠於天主聖意的承諾

耶穌說：「我心愛的女兒，就像我的永恆之父把祂的『印』這偉大的禮物留給人類，同樣，祂的孩子必須承諾忠於祂神聖的旨意。我要所有天主的子女，要在天主的軍旅內浩浩蕩蕩地勇往直前， 承諾保證協助拯救天主眾子女的靈魂，包括那些鐵石心腸的罪人。」

至尊高的天主啊！天父啊，我向祢誓許我堅決的忠誠，好在一切事上尊敬並服從祢，與祢在人間的聖意相結合。因著祢的唯一愛子，真正默西亞的寶血，我為所有的靈魂，向祢獻上我的身、心、靈。這樣，我們能在祢即將來臨的天上王國裡合一，以使祢的聖意奉行在人間，如同在天上。阿們。

祈禱運動禱文（60）為「大警告」發生時家人的皈依

耶穌說：「天主的子女，每天為『大警告』作準備，因為它可能會在任何時候發生。」

親愛甘飴的耶穌，我懇求祢憐憫我家人的靈魂（說出他們的名字）。我向祢獻上我的痛苦、我的考驗和我的祈禱，為拯救他們的靈魂脫離黑暗的邪靈。
請不要讓祢這些子女中的任何一個，公開聲討祢或拒絕祢慈悲之手。打開他們的心，使之和祢的聖心交織在一起，以便他們能為自己求得必要的寬恕，從地獄永火中獲救。請賜給他們彌補的機會，使他們能被祢神聖慈悲的光芒轉化。阿們。

祈禱運動禱文（61）避免「大一統世界」的控制

親愛的天父啊！為了紀念祢心愛之子，耶穌基督的十字架苦難，我懇求祢從「反基督」及其追隨者正策劃的，摧毀祢子女的十字架災難中保護我們。
請賜給我們所需要的恩寵去拒絕「巨獸」的印記，並給予我們所需要的助佑，抵禦那些跟隨撒旦的人在世上散播的邪惡。
親愛的天父，我們懇求祢，在這可怕的時期，保護祢所有的子女，並使我們能足夠堅強，好能在任何時刻都奮起宣揚祢的聖言。
阿們。

祈禱運動禱文（62）為迷失和無助的罪人

耶穌啊。請幫助我，因我是一個迷失的罪人，無助且活在黑暗中。我很軟弱並缺乏勇氣去尋找祢。現在請賜我力量以向祢呼求，使我能擺脫在我靈魂內的黑暗。親愛的耶穌，請帶我進入祢的光明。寬恕我。幫助我再度成為整合的人，並帶領我進入祢的愛、平安和永恆的生命內。我完全地信賴祢，藉著我將自己託付給祢的神聖慈悲，請收納我的身、心、靈。阿們。

祈禱運動禱文（63）在旅程中助佑我

我親愛的救恩之母啊！我求您代禱，好使我獲得生命之糧，以在這旅程中助佑我，並協助拯救所有的天主兒女。請幫助所有那些被偶像和假神欺騙的人，使他們睜開眼看清真相——您聖子死在十字架上，是為了拯救每一位天主子女，並帶給他們永恆的生命。阿們。

祈禱運動禱文（64）拯救我的兄弟姊妹

我最親愛的救主耶穌基督啊！請接納我的祈禱與犧牲作為禮品，為把我的弟兄姐妹從他們所處的黑暗監牢裡解救出來。請允許我協助搭救他們的靈魂。我懇求祢寬恕他們的罪過，並以祢的聖神浸透他們的靈魂，使他們能投進祢的懷抱，使之成為他們永遠喪亡前迫切需要的避難所。為了這些靈魂，我以謙卑感恩之心，交付我自己作為禮品。阿們。

祈禱運動禱文（65）為活在大罪中的人禱告

親愛的耶穌啊，人類的救主啊！藉著祢的神聖慈悲，我為所有活在罪惡中的可憐靈魂懇求憐憫，他們可能在「大警告」期間被帶離這個世界。請寬恕他們的罪過。並且為了紀念祢的苦難，我求祢賜我為他們的罪過代作補贖這特殊的恩寵。我向祢獻上我的身、心、靈作為補贖，為營救他們的靈魂，並帶給他們永恆的生命。阿們。

祈禱運動禱文（66）求祢助我忠於祢至聖的聖言*（聖職人員誦唸）耶穌說：「我心愛的聖僕們，不要氣餒，因為爭端早已預言過了，且必須發生在靈魂最終決戰之時。我愛你們，並且這時期我會與你們同在，如同你們偕我在通往加爾瓦略山的荊棘之路上同行一樣，好能再一次達成救贖所有的靈魂。」*

親愛的耶穌啊！請幫助我始終忠於祢至聖的聖言。賜給我力量在逆境中堅守祢教會的真理。請以恩寵充滿我，使我能以祢教給我們的方式施行聖事。請幫助我以生命之糧餵養祢的子民，並對祢保持忠誠，即使當我被禁止這樣做時。為了宣揚天主的真實聖言，請從我可能面臨的欺詐鎖鏈下解救我。在這個時期，請以祢的寶血覆庇祢所有的聖僕，使我們一直勇敢、忠誠並堅定地擁護祢，我們摯愛的救主耶穌基督。阿們。

祈禱運動禱文（67）請照顧我的孩子，免受謊言之王所害

親愛的耶穌，我懇求祢從謊言之王手中保護我的孩子們。我奉獻這些孩子（說出他們的名字）給祢的聖心，並求祢透過祢的寶血的外衣，啟迪他們的靈魂，把他們安全地帶入祢愛的懷抱，保護他們免於一切傷害。我懇求祢在「真光照良心」發生時開啟他們

的心，並以祢的聖神浸透他們的靈魂，使他們所有的罪污都得以淨化。阿們。

祈禱運動禱文（68）保護我免受撒旦的影響

天主之母，救恩之母啊！請以您至聖的斗篷覆庇我，保護我的家庭免受撒旦及其墮落天使的影響。請幫助我始終信賴您心愛之子，耶穌基督的神聖慈悲。請維持我對祂的愛，無論有多少誘惑擺在我面前，永不要讓我偏離祂教導的真理。阿們。

祈禱運動禱文（69）為接納天父的聖意而向祂祈求

天主，全能的聖父。我接受祢的神聖旨意，請幫助祢的孩子都接受它。請阻止撒旦阻撓祢子女繼承天父產業的權利。永不要讓我們放棄爭取新地堂產業的繼承權。請俯聽我們的祈求，把撒旦及其墮落天使趕走。親愛的天父，我懇求祢，以祢的慈悲淨化世界，並以祢的聖神覆庇我們。請帶領我們組成祢至聖的軍旅，使我們滿載驅逐那「巨獸」的力量，直到永遠。阿們。

祈禱運動禱文（70）為聖職人員對天主的聖言保持忠誠和堅定

親愛的耶穌啊，當祢的教會內部的分裂展現時，請幫助祢的聖僕能確認出來。請幫助祢的聖僕對祢的聖言保持忠誠和堅定。永不要讓世俗野心蒙蔽他們對祢純潔的愛。賜給他們恩寵以在祢面前保持純潔和謙卑，並恭敬祢在聖體內的最神聖的臨在。請幫助和引導那些或會對祢的愛不冷不熱的聖僕，並使他們靈魂內重燃聖神之火。請幫助他們認清擺在他們面前擾亂他們的誘惑。開啟他們的眼睛，使他們任何時候都能看到真理。

親愛的耶穌，在這時候，請祝福他們，並以祢的寶血覆庇他們，以保護他們免受傷害。若他們受誘否認罪惡的存在，請賜給他們力量抗拒撒旦誘惑的力量。阿們。

祈禱運動禱文（71）從迫害中拯救我們

耶穌啊！請從「反基督」手中拯救天主的子女。從操縱世界的計畫中保護我們。主，請從迫害中拯救我們。請從「反基督」手中保護熏黑了的靈魂，好使他們在你眼中成為蒙受救贖的。
我們軟弱時請扶助我們。當我們置身祢軍旅中向祢新地堂的大門前進時，請在靈性上強化我們，使我們得到提升並互相引導。
親愛的耶穌，我需要祢。親愛的耶穌，我愛祢。我要榮耀祢在地上的臨在。我要遠避黑暗。我欽崇祢，並將我的身心交托給祢，好使祢能啟示我祢臨在的真理，這樣，我就能時刻信靠祢的慈悲。阿們。

祈禱運動禱文（72）門徒的祈禱

親愛的耶穌，我已準備好傳揚祢的聖言，請賜給我勇氣、力量與真知去傳授真理，使盡可能多的靈魂能被帶回到祢身邊。請把我放在祢的聖心裡，並以祢的寶血覆庇我，好使我充滿恩寵，到世界各角落，為所有天主兒女，不管他們持何種信仰，傳揚皈依的救恩。作為祢摯愛的門徒，我永遠信賴祢。阿們。

祈禱運動禱文（73）為青年人和年幼者的靈魂

耶穌啊！請幫助我拯救全世界年輕人的靈魂。以祢的恩寵幫助他們看到祢存在的真理。帶領他們進入祢的聖心，並打開他們的眼睛去正視祢的愛和慈悲，從地獄永火中拯救他們。並藉著我的祈禱，請垂憐他們的靈魂。阿們。

祈禱運動禱文（74）祈求明辨之恩

天主之母啊！請幫助我預備我的靈魂領受聖神的恩典。請拉著我的手，如同拉著一個孩子，並藉著聖神的德能，帶我在明辨神恩的道路上前進。請打開我的心，並教導我交付自己的身、心、靈。請讓我擺脫驕傲之罪，並為我過去的罪能被赦免而代禱，好使我的靈魂得以潔淨，使我成為整合的，因而能夠領受聖神的恩賜。救恩之母，我感謝您的代禱。並懷著愛意，期待這一直以歡悅之情渴望著的恩賜。阿們。

祈禱運動禱文（75）親愛的耶穌，我交托給祢我的痛苦

耶穌，我交托給祢我的疼痛與苦楚，結合於祢在加爾瓦略山上遭受的極度痛苦。我獻給祢每一次受到的侮辱和聲討，為光榮祢所戴的茨冠。我獻給祢每一次受到的不公正評判，為光榮祢在比拉多面前所受的羞辱。我獻給祢每一次被他人施加於身體上的痛苦，為光榮祢被綁在石柱上遭受的鞭打。

我獻給祢每一次忍受的淩辱，為光榮祢戴著茨冠時，被尖刺紮穿眼睛時肉體上忍受的酷刑。透過每一次效法祢，傳揚祢的教導，為了祢的名受嘲笑，讓我在攀登加爾瓦略山的路上扶持祢。親愛的耶穌，請幫我擺脫驕傲，永不要讓我害怕承認我愛祢。

然後，當生活中的一切都看似無望時，親愛的耶穌，請因著記起祢怎樣甘於以如此可恥的、殘酷的方式被釘死在十字架上，幫我保持面對的勇氣。請幫我站起來，成為一名真正的基督徒，祢軍隊裡一名真正的戰士，以謙卑與懺悔的心紀念祢為我做的犧牲。親愛的耶穌，請握住我的手，並指引我如何使我個人所受的痛苦能夠鼓舞別人加入那些與祢同心的、愛祢的靈魂的軍隊。

在對抗惡魔專權的最後決鬥中，請幫助我接受痛苦，並把它作為拯救靈魂的禮品獻給祢。阿們。

祈禱運動禱文（76）無神論者可如此祈禱

耶穌，請引導我接受天主顯示給我的愛。請開啟我的眼目、我的思想、我的心和我的靈魂，好使我獲得拯救。以祢的愛充滿我的心，幫助我相信祢。然後擁抱我，救我從此脫離懷疑之苦。阿們。

祈禱運動禱文（77）為大不列顛〔英國〕祈禱

至高的天父啊！人類的創造者天主，請俯聽我的祈禱！我懇求祢從邪惡和專制的魔掌中拯救英國。求祢聯合所有人，所有宗教、信仰和膚色，使之在祢面前如同一個大家庭。請賜給我們力量，聯合起來抵抗為取締祢的教誨而引入的任何法律。賜給我們力量和勇氣，永不離棄祢，並透過祈禱來協助拯救祢所有的孩子。
請使所有的弟兄姐妹聯合起來，向祢恩賜我們永生和新地堂的許諾表示敬意。阿們。

祈禱運動禱文（78）救我免於凶惡

耶穌啊！從撒旦的權勢下保護我。藉著我解除對牠及其邪惡道路的效忠，請把我帶入祢的聖心。
我將我的意志交付給祢，以謙卑和懺悔的心跪在祢面前。
我把我的生命交託在祢的聖潔懷抱。請拯救我免於凶惡，釋放我並帶我到祢安全的避難所，從現在直到永遠。阿們。

祈禱運動禱文（79）為二十億個失落的靈魂祈禱（*應每天誦唸*）

耶穌說：「我親愛的女兒，挽救將拒絕我慈悲之手的二十億靈魂，必須是自命為天主勇兵者日常祈禱使命的一部分。」

親愛的耶穌啊！我懇求祢把慈悲傾注給迷失的靈魂。請寬恕他們拒絕了祢，並因著我的祈禱和受苦，藉著祢的慈悲，給他們注入所需的恩寵，以淨化他們的靈魂。我為他們的靈魂向祢懇求仁慈之恩。我懇求祢開啟他們的心，好使他們能來到祢面前，祈求祢把聖神傾注給他們，使他們能夠接受祢愛的真理，永遠與祢和所有天上大家庭的成員生活在一起。阿們。

祈禱運動禱文（80）為犯了殺人罪的靈魂祈禱

親愛的耶穌啊！我為那些犯了殺人罪的人懇求憐憫。我為那些活在大罪中的人求祢開恩。我把我的痛苦和困難奉獻給祢，請開啟祢的聖心並寬恕他們的罪過。我求祢以祢的寶血覆庇那些有邪惡意圖的靈魂，使他們得以洗淨他們的不義。阿們。

祈禱運動禱文（81）求賜領受聖體的宏恩

尊高的聖體啊！請滿足我身心所需的滋養。請以耶穌基督天主性的臨在充滿我的靈魂。請賜給我恩寵去承行天主的聖意。請以祢神聖臨在帶來的和平與寧靜充滿我。永不要讓我懷疑祢的臨在。幫助我接納祢的身體和靈魂，藉著聖體賜給我的恩寵，幫助我宣揚主耶穌基督的光榮。請淨化我的心。當我領受聖體這宏恩時，請開啟我的靈魂並聖化我。請賜給我這聖事賦予所有天主子女的聖寵和恩惠，並賜我免於煉獄之火。阿們。

祈禱運動禱文（82）為僅剩的遺民教會能獲勝利

耶穌，世界的君王和救主。我們向祢承諾我們的崇敬、我們的忠誠和行動，為向所有人宣揚祢的榮耀。幫助我們獲得力量和信心，站起來並時刻宣揚真理。當我們朝著勝利邁進，以及推行拯救靈魂的計畫時，永不要讓我們躊躇或耽延。我們承諾向祢降服，奉獻我們的心和我們所擁有的一切，好使我們沿著那荊棘之路繼續邁向新地堂的大門時，能毫無攔阻。

我們愛祢，最親愛的耶穌，我們敬愛的救主和贖罪主。我們將自己的身、心、靈聯合在祢的聖心內。請將祢保護的恩寵傾注給我們，並以祢的寶血覆庇我們，使我們充滿勇氣和愛，挺身而出宣揚祢新國度的真理。阿們。

祈禱運動禱文（83）為減緩懲罰

親愛的父，至高的天主啊！我們，祢可憐的孩子們，俯伏在祢天上的光榮寶座前。我們求祢使世界擺脫邪惡。我們哀求祢垂憐那些給祢世上的子女帶來可怕困苦的靈魂。請寬恕他們。

當「反基督」在世上顯揚自己時，請除掉牠。我們懇求祢，親愛的主，減輕祢的懲罰之手。反之，我們求祢接受我們的祈禱和痛苦，好減輕祢孩子們在這時期的苦難。

我們信賴祢。我們敬仰祢。我們感謝祢派遣祢唯一聖子，耶穌基督，拯救我們於罪惡而付出的偉大犧牲。我們再度歡迎您聖子的來臨，作為人類的救主。請保護我們，使我們免受傷害。請幫助我們的家庭，請垂憐我們。阿們。

祈禱運動禱文（84）求主啟迪掌控世界的精英者的靈魂

親愛的耶穌啊！我求祢光照那些掌控世界的精英者的靈魂。請向他們證實祢的慈悲。請幫助他們打開心扉，並展示真正的謙卑，以榮耀祢為了他們的罪惡而死在十字架上的偉大犧牲。
請幫助他們明辨誰是他們的真正製造者，誰是他們的創造者，並以恩寵充滿他們，使他們能看清真理。請阻止他們企圖通過促成接種疫苗、食物短缺、強制收養無辜兒童，以及正在發生的家庭分裂這些傷害數百萬人的計畫。
請醫治他們。以祢的真光籠罩他們，帶他們進入祢的聖心，救他們擺脫邪魔的羅網。阿們。

祈禱運動禱文（85）從欺騙者手中拯救美國

親愛的耶穌啊！請以祢最珍貴的護佑覆庇美國。寬恕美國人民違犯天主誡命的罪過。幫助美國民眾重歸於天主。開啟他們的明悟去瞭解天主的真正道路。打開他們硬化了的心，使他們迎接祢慈悲之手。幫助這個國家起來反抗施加於我們身上的褻瀆行動，那會強迫我們否定祢的臨在。耶穌，懇求祢拯救我們，從一切傷害中保護我們，並把我們擁進祢的聖心裡。阿們。

祈禱運動禱文（86）拯救我於懷疑之苦

親愛的耶穌，我帶著困惑、不確定和沮喪來到祢面前，因祢訊息內宣佈的真相令我擔憂。
如果我曾經曲解了祢，請寬恕我。如果我未能聆聽祢，請原諒我。請打開我的眼睛，使我看清祢要我明白的是什麼。我懇求祢賜給我聖神的德能，以看清真理。親愛的耶穌，我愛祢，求祢從懷疑痛苦中解救我。幫助我響應祢的呼喚。如果我冒犯了祢，請原諒我，並帶我更靠近祢的聖心。請引領我走向祢的新王國，並給予我恩德，好能透過我的祈禱和受苦，來協助挽救祢聖心所珍愛的靈魂。阿們。

祈禱運動禱文（87）保護我們的國家擺脫邪惡

天父啊！因祢聖子之名，請從共產主義中拯救我們。請從獨裁霸權中拯救我們。請助佑我們國家抗拒異教信仰。救我們的孩子免於傷害。幫助我們看到天主的真光。打開我們的心以領受祢聖子的教導。幫助所有教會忠實於天主的聖言。求祢使我們國家免受迫害，得保安全。
最親愛的主，不管我們怎樣冒犯了祢，都請以慈目垂顧我們。
人子耶穌，請以祢的寶血覆庇我們。從惡者的陷阱中拯救我們。
親愛的天主，我們懇求祢，在這時期干預並阻止邪惡吞噬世界。
阿們。

祈禱運動禱文（88）「大警告」之後為靈魂祈禱

耶穌聖心啊，請憐憫我們所有可憐的罪人。啟發那些心硬如石的人，他們是那麼急需得到指引。請寬恕他們的邪惡。透過祢的愛和憐憫，幫助他們在內心裡尋獲祢救贖的宏恩，並握緊它。我懇求祢寬恕所有拒絕天主真理的靈魂。
親愛的耶穌，請以祢的真光籠罩他們，好使撒旦力圖永遠切斷這些靈魂與祢的聯繫這毒計與圈套，得以從他們眼前移開。我懇求祢賜予祢所有子女力量，以感謝祢的偉大慈悲。我求祢向所有無助、絕望的流浪者的靈魂打開祢王國的大門。阿們。

祈禱運動禱文（89）不幸的罪人的祈禱

親愛的耶穌，幫助我這可憐的罪人，帶著內心的懊悔來到祢面前。請洗淨那些破壞我生命的罪過。賜我新生這大禮，從罪惡的枷鎖中得到解脫，並賞給我因罪惡而喪失的自主性。使我在祢慈悲之光中得到更新。把我擁入祢的聖心內。讓我感受到祢的愛，好能更靠近祢，並燃起對祢的愛火。耶穌，憐憫我，並保護我脫離罪惡，使我配得起進入祢的新地堂。阿們。

祈禱運動禱文（90）感謝主耶穌光榮地第二次降臨

我的耶穌啊！為了祢榮耀無比的第二次降臨，我向祢獻上頌揚和感謝。祢，我的救主，為了賜我永恆生命，救我擺脫罪惡而誕生。當我預備自己的靈魂迎接祢的偉大來臨時，我向祢獻上我的愛、我的感恩和我的崇敬。阿們。

祈禱運動禱文（91）助我忠於信仰

榮福的救恩之母啊！當我面對邪惡時，請及時給我所需的保護。請以力量和勇氣幫助我，使我的靈魂毫無畏懼地保衛天主的聖言。請為我代禱，使我對基督的教導保持忠誠，並完全交付我的恐懼、憂慮和悲傷。請幫助我宣揚天主聖言的真理，即使天主的敵人使這任務幾近無望時，讓我依然能無畏地在這孤獨的道路上前進。榮福的母親啊！託賴您的代禱，我祈求所有基督徒的信德在一切受迫害期間，能始終保持堅強不屈。阿們。

祈禱運動禱文（92）求賜堅定不移之恩

親愛的耶穌啊！我向祢祈求堅定不移之恩。我懇求祢賜我所需的恩寵以支持祢的至聖聖言。我求祢使我擺脫任何縈繞腦際的疑惑。我求祢使我的靈魂滿載良善、忍耐和堅毅。當我因祢的名受辱時，助我保持尊嚴。請賜我堅強不屈，並以恩寵覆蓋我，使我繼續前進，即使感到非常疲倦、缺乏力量時，以及在面對陸續而來的磨難時，仍能堅持不懈地為協助祢拯救人類而奮鬥。阿們。

祈禱運動禱文（93）求賜皈依的淚水

我親愛的耶穌啊！祢在我心坎裡，我和祢是一致的。我愛祢。我珍視祢。請讓我感受到祢的愛。讓我感受到祢的痛苦。讓我感受到祢的臨在。賜給我謙卑的恩寵，使我配得起進入祢在地上的王國，如同在天的一樣。請賜我皈依的淚水，使我能作為一個真正的門徒那樣，誠心地把自己奉獻給祢，在祢再次來臨並審判生者和死者之前，協助祢拯救世上每一個靈魂這使命。阿們。

祈禱運動禱文（94）身、心、靈的治癒

親愛的耶穌啊！我把自己放置在祢面前，感到疲倦、病弱、疼痛，且渴望聽到祢的聲音。請使我被祢的神聖臨在所觸動，好使祢神聖之光浸沒並穿透我的身、心、靈。我信賴祢的慈悲。我把我的疼痛和苦楚完全交付給祢，求祢賜我恩寵以信賴祢，好使祢能治癒我的痛苦與黑暗，使我再度成為身心整合的，為能跟隨真理之路，並被祢帶入新地堂的生活裡。阿們。

祈禱運動禱文（95）為能騰出時間來祈禱

救恩之母啊！當我需努力擠出時間來祈禱時，請來援助我！幫我向您心愛之子耶穌基督獻上祂應得的時間，為表明我愛祂的程度。我懇求您，榮福救恩之母，為我求得所需的恩寵，並求您的愛子賜我種種聖寵和恩典，以便祂能把我擁入祂的聖心裡。阿們。

祈禱運動禱文（96）降福和保佑我們的《祈禱運動小組》

（祈禱運動小組開始和結束時的祈禱文，見第 8 及 82 頁）

祈禱運動禱文（97）為聯合祈禱運動小組

親愛的救恩之母啊！我哀求您代禱，使世界各地的天主遺存軍旅聯合起來。請透過您聖子耶穌基督的慈悲，以救贖的恩寵覆庇所有祈禱運動小組，並把它傾倒給我們。請派遣您的天使保護我們每一個，特別是那些帶領祈禱運動小組的聖職人員。幫助我們避免內部分裂的紛擾，並以您恩賜我們的盔甲保護我們，使我們免受攻擊所傷，但因著我們對耶穌基督的愛，在這拯救靈魂的神聖使命中，這些攻擊卻是我們所必須承受的。阿們。

祈禱運動禱文 (98) 祈求上主的恩典傾瀉給各國領導人

我的榮福救恩之母啊！請祈求您的聖子傾注祂的恩寵和愛給那些掌控世界的領導者。請祈求以天主的光來治癒他們的盲目，並打開他們的鐵石心腸。制止他們迫害無辜的人民。請祈求耶穌引導他們，並制止他們阻撓祂教導的真理傳向世界各國。阿們。

祈禱運動禱文（99）為澳大利亞和紐西蘭的救恩

天主，全能的父啊！因祢至愛聖子耶穌基督之名，請垂憐所有在澳洲及紐西蘭的子女。請寬恕我們拒絕祢的聖言，寬恕我們冷漠的罪。使我們擺脫異教文化，並以所需的恩寵覆庇我們，為在我們的弟兄姐妹中激發望德、信德和愛德。
我們求祢賜予明辨之恩，並求祢賜予眾人所需要的祝福，為確保只有祢聖言的真理能夠被聽到，且所有靈魂都獲賜通往永生的鑰匙。阿們。

祈禱運動禱文（100）為基督信仰倖存於世

親愛的耶穌啊！當最後一位真教宗完成了對祢的使命時，懇求祢使我們在當下面臨的考驗中，有能力倖存下來。因著我們所認識的教會解體，請幫助我們承受必須面對的可怕遭遇。永不要讓我們偏離祢聖言的真理。當衝擊臨於我們，慫恿我們背叛祢和祢給予世界的聖事時，請幫助我們保持緘默。請以我們所需要的、強有力的愛覆庇祢的軍隊作為盾牌，在對抗假先知和反基督時，保衛我們。幫助祢地上的教會繁衍壯大，好能堅守真理，並協助祢帶領我們的弟兄姐妹邁向真理之路，為迎接祢的第二次來臨作好充分的準備。阿們。

祈禱運動禱文（101）感受耶穌臨在的神奇禱文

親愛的全能天父啊！現在及將來的世界萬物的創造者，請幫助我們所有現今能認出祢愛子臨於教會內的人變得堅強有力。幫助我克服我的恐懼、孤獨感，以及因我跟隨祢的聖子，我們的救主耶穌基督，而遭遇到我所愛的人對我的拒絕。請保護我所愛的人免陷於謊言的陷阱，那是撒旦為毀壞、分裂，並將祢所有子女引向浩劫而設的。請幫助教堂裡所有可憎事物的追隨者，免陷於地獄永火。阿們。

祈禱運動禱文（102）保持信德並相信這些天主給予世界的訊息

（應每天誦唸）

最親愛的耶穌，當我消沉沮喪時，請提升我。當我懷疑時，請啟明我。當我悲痛時，請向我顯示祢的愛。當我要批評時，幫助我保持緘默。當我公然判斷他人時，請封住我的嘴巴。

當我因祢的名說出褻瀆的話時，請拯救我並把我帶回到祢的保護中。當我缺乏勇氣時，賜給我所需要的刀劍去作戰，並挽救祢所渴望拯救的靈魂。當我抗拒祢的愛時，幫助我在祢慈愛的照顧下，完全交付並捨棄自己。當我迷失方向時，幫助我找到真理之路。當我質疑祢的聖言時，請賜給我所尋找的答案。

請幫助我保持忍耐、仁愛和良善，甚至對那些詛咒祢的人。

幫助我原諒那些冒犯我的人，並賜我所需的恩寵以跟隨祢直到地極。阿們。

祈禱運動禱文（103）與基督共喝痛苦之杯

*耶穌說：「如果你希望共喝我的苦杯，就在可能的情況下誦唸這篇禱文三次。若做得到的話，更好是在齋戒期間的任何時候誦唸。」*親愛的耶穌，我俯伏在祢腳前，為了所有人的益處，承行祢對我的意願。請讓我分喝祢的苦杯。請接受我這份禮品，好使祢能拯救那些迷失、無望的可憐靈魂。請接納我的身體，使我能分擔祢的痛苦。請以祢的聖手握住我的心，使我的靈魂與祢結合。

透過我受苦這份禮品，讓祢神聖的臨在擁抱我的靈魂，好使祢能拯救所有罪人，並與所有天主子女合而為一直到永永遠遠。阿們。

祈禱運動禱文（104）從奴役中釋放這個靈魂

最親愛的耶穌，我將我的兄弟姐妹的靈魂呈獻給祢，他們把自己的靈魂交付給了撒旦。請接納這些靈魂，並在祢聖目中贖回他們。請從那巨獸的奴役中釋放這些靈魂，同時賜予永恆的救恩。阿們。

祈禱運動禱文（105 ）為他人皈依的恩賜

我最親愛的耶穌啊！因著我對祢的愛，請接納我的靈魂與祢結合為一。請接收我的靈魂，以祢的聖神籠罩它。並藉著這祈禱，幫助我挽救所有接觸到的人。以祢的神聖慈悲浸潤我遇到的每個靈魂，並給予他們所需要的救恩，好能進入祢的國度。請俯聽我的祈禱。請傾聽我的懇求，並藉著祢的慈悲挽救全人類的靈魂。阿們。

祈禱運動禱文（106）憐憫不承認天主的年輕人

親愛的耶穌，請把那些不認識祢、不承認祢的愛和不接受祢的許諾的天主子女的靈魂置於祢保護之下。請傾注給他們皈依的恩寵，並賜給他們永恆的生命。請憐憫那些不相信祢的臨在，以及對自己的罪過懊悔的人。阿們。

祈禱運動禱文（107）救我脫離地獄之火

耶穌，我是個糟透了的罪人。我的行為已經給別人帶來了絕望的痛苦。因此我被人棄絕。世上任何地方都不能容忍我。請從這荒野中拯救我，於邪惡的股掌中保護我。請容許我悔改。請接受我的痛悔。請以祢的力量充滿我，助我站起來脫離絕望的深淵。親愛的耶穌，我交付給祢我的自由意志，隨祢的意願來處置，好使我能獲救，脫離地獄永火。阿們。

祈禱運動禱文（108 ）攀登加爾瓦略山

耶穌，請幫助我找到勇氣、勇敢和膽量，使我能站起來被列入祢的遺存軍隊，並攀登同一座加爾瓦略山，那是祢為了我的罪不得不忍受的。請賜我背負祢的十字架和祢的重擔的能力，從而能協助祢拯救靈魂。請使我掙脫我的軟弱。消除我的恐懼。粉碎我所有的疑慮。使我睜開眼睛正視真理。請幫助我和所有回應祢召叫的人背起祢的十字架，以一顆深切謙卑的心跟隨祢。並因著我的榜樣，使其他人也能鼓起勇氣這樣做。阿們。

祈禱運動禱文（109）祈求信賴之恩

我最親愛的耶穌啊！請幫助我信賴祢，信賴祢再次降臨的應許。接受祢第二次降臨的真理。並當天父說要把祢的國度交給祢時，信賴天父的應許。請幫助我信賴祢的教導，以及和祢拯救世界的計畫。請以恩寵助我接受祢的鴻恩。請幫助我信賴祢，好使我不再恐懼，好使我的心和靈魂能被祢的愛浸透。阿們。

祈禱運動禱文（110 ）為能堅持忠於聖言 *（聖職人員頌唸）*

我最親愛的耶穌啊！我懇求祢使我保持堅強和勇敢，好使我能以祢的至聖聖名捍衛真理。我懇求祢賜我所需的恩寵，好能時刻為祢的聖言作證。當我內心知道那些謊言冒犯了祢時，請使我能扛住散播它們的壓力。 請幫助我對祢的聖言保持忠誠，直到我生命的終結。阿們。

祈禱運動禱文（111 ）將子女奉獻給耶穌基督

親愛的救恩之母啊，我把我的孩子 (名字) 奉獻在您的聖子面前，好使祂能帶給他們靈性的平安和心靈的愛。請為我的孩子代禱，使他們能被接入您聖子慈悲懷抱，並保護他們遠離傷害。請幫助他們忠於天主的聖言，尤其當他們被誘導背離祂時。阿們。

祈禱運動禱文（112 ）為救贖的恩寵

最親愛的耶穌，我呼求祢以特殊的救贖恩寵覆庇那些已被撒旦侵害的靈魂。從他們無法逃脫的邪惡囚禁中，釋放他們可憐的靈魂。阿們。

祈禱運動禱文（113 ）為擊敗我們國土內的邪惡

救恩之母啊！請來到我們中間，以您的保護覆蓋我們的國土。
請踏碎「巨獸」的頭顱，粉碎牠在我們中的邪惡影響。
當我們被謊言包圍時，請幫助您可憐迷失的孩子們挺起身來，並宣講真理。
天主之母啊！請保護我們的領土，並使我們保持堅強，好讓我們在受迫害時，仍效忠妳的聖子。阿們。

祈禱運動禱文（114 ）為聖職人員獲得真理的恩賜

（聖職人員誦唸）

我的主，請開啟我的眼睛。讓我看清敵人，並對欺謊的話封鎖心門。親愛的耶穌，我完全降服於祢。我信賴祢的慈悲。阿們。

祈禱運動禱文（115 ）為皈依的恩賜

救恩之母啊，請以您補贖之淚浸沒我的靈魂，使我擺脫所有的疑慮。提升我的心，使我可以感受到您聖子的臨在。請賜給我平安和慰藉，並為我代禱，使我能真正皈依。請幫助我接納真理，並打開心門，接受您的聖子耶穌基督的慈悲。阿們。

祈禱運動禱文（116）救我脫離謊言中的邪惡

親愛的耶穌，幫助我。我淹沒在悲傷的淚水中。我內心困惑迷茫。我不知道能信賴誰。請以祢的聖神充滿我，使我能選擇通向祢王國的正確道路。親愛的耶穌，幫助我常能忠於祢藉著伯多祿傳予世界的聖言，永不偏離祢的教導，或否認祢在十字架上的犧牲。耶穌。祢是道路。請為我指路。請緊抱著我，[illegible]路上祢偉大的慈悲旅程。阿們。

祈禱運動禱文（117）為那些出賣了靈魂的人

最親愛的耶穌，我把 (名字) 的靈魂和所有以靈魂換取名望的人奉獻給祢。請使他們擺脫撒旦的侵害。使他們遠離吞噬他們的「啟明會」（Illuminati）的威脅。請賜給他們勇氣，使他們無所畏懼地掙脫這邪惡組織的束縛。請把他們擁入祢慈悲的懷抱，培育他們重回上主的恩寵之中，使他們稱得上站在祢面前。

因著祢的神能，請助我藉著這祈禱，把撒旦所收養的靈魂帶離共濟會。請把他們從鎖定於地獄裡的恐怖刑罰鎖鏈中釋放出來。請藉著被選的靈魂所受的痛苦，透過我的祈禱和祢的慈悲，幫助他們首先跨入和平新紀元——新地堂的大門，我祈求祢從囚禁中釋放他們。阿們。

祈禱運動禱文（118）為迷惘的年輕一代的靈魂

親愛的耶穌，我為迷惘的年輕一代的靈魂呼求祢的慈悲。對那些不認識祢的人，請恩賜給他們能「看見」。對那些知道祢卻忽視祢的人，請把他們帶回祢的慈悲中。

請儘快賜給他們祢存在的證據，並引導他們走向那些能幫助並帶領他們走向真理的人。請使他們的心神和靈魂充滿對祢的渴望。幫助他們弄清內心的空虛，是因他們沒體驗到祢的臨在。親愛的主，我懇求祢不要捨棄他們，並因著祢的慈悲賜給他們永恆的生命。阿們。

祈禱運動禱文（119）感受耶穌的愛

耶穌，請幫助我，我是那麼的困惑。我的心無法向祢敞開。我的眼睛看不到祢。我的思想堵塞祢。我的口說不出安慰祢的話語。我的靈魂被黑暗所籠罩。請憐憫我這個可憐的罪人。因為沒有祢的臨在，我孤立無助。請以祢的恩寵充滿我，好使我有勇氣向祢伸出雙手，乞求慈悲。我是祢迷失的門徒，愛祢，卻不再被祢的愛所感動，請幫我看到並接受真理。阿們。

祈禱運動禱文（120）停止戰火蔓延

我甘飴的耶穌啊！請制止毀滅人類的戰爭。從苦難中保護無辜者。保護那些設法締造真正和平的人。打開飽嘗戰爭之苦的人們的心門。護衛青年人和容易受傷的人。拯救所有毀於戰火者的靈魂。

親愛的耶穌，請堅強所有為普世天主子女代禱的人，並賜給我們恩寵去承受可能在紛爭期間遭受的痛苦。我們哀求祢阻止戰火蔓延，並帶領靈魂進入祢聖心的神聖避難所。阿們。

祈禱運動禱文（121）忠於耶穌基督的軍隊

親愛的耶穌，我們堅定地聯合在祢的聖心內。我們以權威性語氣宣講天主的真正話語。我們要傳揚真理直到地極。除了祢傳授給我們的教義，我們絕不接受任何假以祢的名義所宣佈的新教義。我們要持守真切、忠誠和堅定的信德。我們將以愛和憐憫對待那些背叛祢的人，希望他們能重回祢身旁。
對那些以祢的名迫害我們的人，我們將堅定不屈，但會忍耐到底。我們要昂首闊步地在通往新地堂的道路上前行。我們承諾，藉著我們的疼痛與苦楚，把缺愛而迷失的靈魂帶回給祢。請接受我們為所有世上罪人所作的祈求，好使我們能在和平的新紀元，藉著對祢的愛成為合一的大家庭。阿們。

祈禱運動禱文（122）獻於耶穌基督的寶血

親愛的耶穌，我將自己、我的家庭、朋友和國家奉獻給祢的寶血，好能而得到庇護。祢為我而死；當我為了迎接祢第二次降臨而必須從容忍受痛苦時，祢的創傷就是我的創傷。親愛的耶穌，當祢設法把所有天主子女聚在祢聖心裡時，我要和祢一同受苦，好使我們得享永生。請以祢的寶血覆庇我，以及所有需要祢保護的人。阿們。

祈禱運動禱文（123）把自由意志獻給天主作為禮品

我最親愛的耶穌，請俯聽我，一個最卑微靈魂的祈禱，請幫助我更愛慕祢。親愛的耶穌，藉著我獲賜的自由意志，我把這份禮物回獻給祢，使我能成為祢謙卑的僕人，對天主的聖意保持順服。祢的聖意就是我的意願。祢的命令意味著我服從祢的每個願望。我的自由意志是屬於祢的，請按照所需，用它來拯救世上所有與祢分離的人。我將這出生時的恩賜獻於祢的最神聖服務。阿們。

祈禱運動禱文 (124) 請傾聽我對自由的懇求

天主，我仁慈的天父，世上萬有的造物主啊！請傾聽我對自由的懇求。請從奴役我的枷鎖中釋放我，保護我免受邪惡的迫害。請幫助我辨別真理，並來援助我，即使我很困惑且可能會懷疑祢的話語。如果我得罪了祢，請原諒我，並把我帶入祢世上新地堂的庇護所。阿們。

祈禱運動禱文（125）為捍衛天主的聖言

救恩之母啊！請幫助我這個天主的卑微僕人，能在苦難時期捍衛祂至聖的聖言。親愛的母親，請將我奉獻給您的聖子，好使祂能以祂的寶血覆庇我。藉著您向您聖子耶穌基督的轉求，請賜我恩寵、力量和意志，使我在祂的世間的至聖教會即將被吞噬的大災難時期，仍能忠於基督的教誨。阿們。

祈禱運動禱文（126）為經得起宗教迫害

親愛的耶穌，請幫我忍受假以祢聖名進行的任何形式的迫害。幫助那些墮入錯誤中，卻相信自己在見證祢的事工的人。對於那些可能被誘導以邪惡的行為、行動或動作摧毀他人的人，請祢開啟他們的眼目。

請保護我免受天主仇敵侵害，即那些會起來審查和封鎖祢的聖言，並設法排擠祢的人。幫助我寬恕背叛祢的人，並賜我恩寵去堅守對祢的愛。幫助我活出祢教導的真理，並留在祢的庇護之下直到永遠。阿們。

祈禱運動禱文（127）為我的靈魂和那些我所愛的人

耶穌啊！請裝備我，好使我能坦然無愧地來到祢面前。幫助我和我所愛的人（說出名字）準備好交待自己的所有過錯。承認我們的短處。並為一切罪過向祢懇求寬恕。向我們錯待過的人表示仁愛。為救恩而祈求慈悲。

請使我們在祢面前謙卑自下，這樣，在「真光照良心的偉大日子」，我和那些人（說出名字）的良心能變得清白，使祢能以祢的神聖慈悲浸透我的靈魂。阿們。

祈禱運動禱文（128）聚集並聯合所有靈魂

最親愛的耶穌，求祢幫助我們，祢鍾愛的門徒，把世人擁入祢的懷內，並把最需要祢深厚慈悲的靈魂呈獻給祢。

請以聖神的恩賜強化我們，確保真理的火焰熔化所有與祢分離了的人。

請祢把所有罪人聚在一起，好使人人都有機會與祢修和。

當我們被迫拒絕透過至聖福音經文向普世公佈的真理時，求祢恩賜我們對祢的聖言，仍然保持堅定不移的力量。

在這條通往救恩的旅程，我們都存留祢內，偕同祢，並且為了祢而邁出每一步。阿們。

祈禱運動禱文（129）為愛的恩賜

天主啊！請用祢的愛充滿我。助我與所有需要祢慈悲的人分享「愛的恩賜」。助我更愛慕祢。助我愛所有需要愛的人。助我以愛對待祢的仇敵。請容許我以祢恩賜我的這份愛，來浸潤我所接觸到的每個人的心靈。

請用祢注入於我靈魂內的這份愛，助佑我戰勝邪惡，感化靈魂，並擊敗力圖摧毀祢聖言真理的魔鬼，以及牠的邪惡「特工」。阿們。

祈禱運動禱文（130）救恩七日敬禮

*救恩之母說：「我要求你們現在就要開始『救恩七日敬禮』。現在我賜予你們所有人一份蒙我聖子祝福的特殊大禮，好使所有靈魂都能獲得免下地獄的『豁免權』，並獲賜救恩。我的聖子切望每一個靈魂都能得救，無論他們的罪惡多麼深重。我召叫你們現在就要開始力行『救恩七日敬禮』。**你們必須按照我的教導，立即開始，並持續做這個敬禮，直到時代的終結**。你們必須在每一個日曆月份內，從星期一開始，整整連續七天，在上午時間誦唸這篇禱文。你們必須在七天內的每一天誦唸以下這篇禱文三次，並且在這七天中其中一天必須禁食。禁食那天你們每天只吃一頓主餐，其他兩餐只吃麵包和清水。*

（譯者提示：膳食以米或面為主的亞洲人和國人可進食沒有餸菜的白米飯或麵條。至於麵包或饅頭，則是清一色內外無餡兒。）

我心愛的救恩之母，請藉著您聖子耶穌基督的慈悲，為所有靈魂獲得永遠得救的恩賜。

藉著您的代禱，我請求您為所有靈魂從撒旦的束縛中獲釋而祈禱。請您求您的聖子，向拒絕祂、以自己的冷漠傷害祂，以及崇拜虛假教義和假神的靈魂，賜予慈悲和寬恕。

親愛的母親，我們哀求您，為最需要您助佑的靈魂祈求恩寵，使他們能打開自己的心扉。阿們。

祈禱運動禱文（131）懇求主基督垂憐

親愛的救恩之母啊！請懇求您的聖子，耶穌基督，在「大警告」期間，並在最後的日子，在他們 (說出名字) 來到您聖子面前之先，垂憐他們。懇請代禱，使他們每一位都能獲得救贖，並得享永生的果實。請每天都守護他們，並把他們帶向您的聖子，使他們感受到祂的臨在，因而蒙受心神的平安，並獲得豐厚的恩寵。阿們。

祈禱運動禱文（132）棄絕撒旦，保護我們的使命 *（每週念兩次）*

救恩之母說：「為了對抗撒旦的邪惡，以保護你們的使命，我求你們開始誦唸這篇強有力的棄絕撒旦的禱文。你們每星期至少誦唸這篇《祈禱運動禱文》兩次，這有助於保衛救贖的使命，並能帶領更多的靈魂進入天國的領域。」

救恩之母，請來援助這項使命，幫助我們，天主的遺存軍隊棄絕撒旦。我們懇求您用腳跟踏碎巨獸的頭顱，並移除所有妨礙我們拯救靈魂的絆腳石。阿們。

祈禱運動禱文（133, 134）

耶穌說：「這兩篇禱文會帶來極大的恩寵，凡誦唸它們的，將被啟示真理，並且內心會感受到強烈的愛，那是此前他們從未在世上經驗過的。此後他們的靈魂將得到淨化。」

祈禱運動禱文（133）呼求回歸於天主

親愛的耶穌，請寬恕我這個因盲目無知而疏遠了祢、棄絕了祢的靈魂。請寬恕我以毫無價值的虛無事物取代了祢的愛。請幫助我鼓起勇氣偕祢前行，以感恩之心接受祢的愛和慈悲。請幫助我跟祢的聖心常保親密，並永不再離開祢。阿們。

祈禱運動禱文（134）為相信天主存在

至高無上的天主啊！請幫助我相信祢的存在。請拋丟我的一切疑惑。請睜開我的眼睛正視此生之後的生命的真理，並引導我走向永生之路。請使我感受到祢的臨在，並在我臨終前，賞我真正信德的恩賜。阿們。

祈禱運動禱文（135）保衛真理 *（聖職人員誦唸）*

救恩之母說：「當那些日子面對著可怖的痛苦以及不公義的審訊時，你們必須向我呼救，以保衛真理。我切願所有將面臨可悲變革的聖職人員，誦唸這篇禱文。」

親愛的救恩之母啊！請在我需要的時刻助佑我。請為我祈求，因著聖神的德能，使我這個不堪當的靈魂，得蒙注入始終保衛真理的恩賜。每次當我被要求否認真理、天主聖言、神聖的聖事和至聖聖體時，請支援我。請幫我運用所領受的恩寵屹立不移，對抗撒旦及受牠利用來污辱您聖子耶穌基督的可憐靈魂的邪惡行為。請在我需要的時刻助佑我。當仇敵禁止我施行聖事時，為了靈魂的神益，請賜給我勇氣去為每一位天主子女施行。阿們。

祈禱運動禱文 (136) 守護主的聖言

耶穌說：「你們必須誦唸這篇《祈禱運動禱文》，為能繼續忠於我的聖言。」

最親愛的耶穌，幫助我聆聽祢的聖言。生活於祢的聖言。講論祢的聖言。傳揚祢的聖言。請賜我持守真理的力量，即使這樣做會受到迫害。當仇敵淹沒祢的聖言時，請幫助我使它保持生機。當我氣餒時，請讓我感受到祢的勇氣。當我軟弱時，請以你的力量充滿我。當地獄之門要戰勝我時，請賜我聖寵，使我能保持尊嚴，效忠於祢最神聖的旨意。阿們。

祈禱運動禱文（137）恢復信心的禱文

天父說：「當你們發覺自己開始質疑天主，或對祂的愛或許諾喪失了信心時，你們必須誦唸這篇《祈禱運動禱文》，它也稱為《恢復信心的禱文》。」

全能的天主啊！至高的天主啊！請以祢心中的愛和憐憫垂顧我，這卑微的僕人。在祢的光照中使我恢復信心。請提升我重新成為祢的寵兒。請以恩寵充滿我，使我能向祢獻上我卑微的服務，並承行祢的至聖旨意。請除掉我的驕傲，以及所有侮辱祢的罪過，並幫我在有生之年懷著深切、持久的心意來愛祢，好能事奉祢直到永永遠遠。阿們。

祈禱運動禱文（138）守護我免陷於仇恨

救恩之母啊！請守護我免陷於種種仇恨。當我面對仇恨時，請幫助我保持緘默。當我最軟弱時，請使我仍能堅定地忠於耶穌。請使我三緘其口。幫助我拒絕與那些否認您聖子的教導、或因我的信仰而嘲弄我的人交往。親愛的母親，請為這些靈魂祈禱，使他們能棄絕撒旦，並在他們的靈魂內感受到來自於祢的愛和聖神所主導的平安。阿們。

祈禱運動禱文 (139) 祈求戰勝邪惡的力量

親愛的耶穌，請保護我擺脫魔鬼的邪惡。在牠出現時，請以祢的寶血掩護我，以及所有軟弱者和無助者。請賜我勇氣拒絕牠，並幫助我避開牠每天施行的各種誘惑詭計。阿們。

祈禱運動禱文（140）求賜各個品級天使的護佑

天父說：「親愛的孩子，我應許你們，通過賜予你們強有力的恩寵和祝福，減輕你們的痛苦、悲傷和恐懼。你們會受到我各個品級的天使所護佑。藉著誦唸這禱文，來求我驅散你們的恐懼和悲傷， 並使你們擺脫迫害。」

最親愛的父親，一切受造物的天主，至高無上的天主，請透過祢各個品級天使賜我恩寵和護佑。使我能專注於以祢的愛去愛祢每一個孩子，不管他們如何得罪了祢。請幫助我心無所懼地向世界傳揚最終盟約的福音，以準備好迎接耶穌基督的第二次降臨。請賜予我祢的特恩和祝福，以克勝撒旦、牠的魔鬼及其在世的「特工」強加給我的迫害。永遠不要讓我害怕祢的敵人。請賜我力量以愛對待我的敵人，以及那些藉天主之名迫害我的人。阿們。

祈禱運動禱文（141）在迫害中尋求保護

親愛的耶穌，請在戰爭中護佑我，使我能不惜代價繼續忠於祢的聖言。請保衛我抵制祢的仇敵。請保護我遠離那些因祢的緣故迫害我的人。

請分擔我的疼痛。請減輕我的苦楚。在祢聖容的光照下提升我，直到祢再度來臨給世界帶來永遠救贖的那一天。請寬恕那些迫害我的人。請以我的痛苦來賠補他們的罪過，使他們在最後的日子，心靈能尋獲平安，並帶著痛悔之心來歡迎祢。阿們。

祈禱運動禱文（142）準備善終

耶穌說：「如果你們面臨死亡，或所愛的人面臨死亡，總要面向我，你們的耶穌，來尋求幫助。當你們這樣做，並誦唸這篇禱文時，我將在靈性上提升你們，擦乾你們的眼淚，並從你們心中除去所有恐懼。」

我最親愛的耶穌，請寬恕我的罪過。請潔淨我的靈魂，並為我作好準備以進入祢的王國。

請賜我恩寵，以準備好與祢結合為一。請幫助我克服任何恐懼。請賜我勇氣以準備好我的心智和靈魂，使我配得起站在祢面前。我愛祢。我信賴祢。我向祢獻上自己的身、心、靈魂以得永生。讓祢的旨意成為我的意願，並把我從痛苦、疑惑和混亂中釋放出來。阿們。

祈禱運動禱文（143）保衛救贖世人的使命

救恩之母啊！請保護這個使命，它是一份來自天主的禮物，為給祂各地所有子女，帶來永恆的生命。請為了我們的益處介入，透過您心愛之子耶穌基督賜給我們勇氣，使我們能時刻履行事奉天主的職責，特別是當我們因這樣做而受苦時。請扶持這個使數十億靈魂皈依的使命，使之按天主的旨意進行，並把鐵石心腸的人轉變成您聖子的愛僕。 請使所有在這使命中事奉耶穌的人，克勝仇恨和十字架的迫害，迎納隨之而來的痛苦，並以慷慨之心全然接受前面可能出現的一切。阿們。

祈禱運動禱文（144）為保護基督信仰

救恩之母啊！請為世界各地所有基督徒的靈魂祈禱。
請幫助他們維護自己的信仰，並忠於耶穌基督的教導。懇請您使他們的思想和心神時刻保有堅持信仰的力量。
親愛的母親，請為他們代禱，開啟他們的眼睛去正視真理，並賜給他們恩寵，以明辨任何假借您聖子之名，展現在他們面前的虛假教義。請幫助他們堅持做天主的真實忠僕，並拒絕邪惡和謊言， 即使他們不得不因此忍受痛苦和嘲笑。
救恩之母啊！請保護您所有的子女，並為每一個基督徒祈禱，使他們能跟隨主的道路，直到呼出最後一口氣。阿們。

祈禱運動禱文（145）請以祢恩賜的愛充滿我

親愛的耶穌，請以祢愛的恩賜充滿我這個空蕩的器皿。請以祢的臨在浸透我的靈魂，幫助我像祢愛我那樣去愛別人。請幫助我成為盛納祢的平安、祢的鎮靜與祢的慈悲的器皿。請常打開我的心去關懷別人的困境，並賜我恩寵原諒那些拒絕祢和得罪我的人。請幫助我作為表率來宣揚祢的愛，一如祢處於我的身份時會做的那樣。阿們。

祈禱運動禱文（146）祈求免受謊言所騙

親愛的救恩之母，請賜我護佑的恩寵，保護我抗拒魔鬼為摧毀基督信仰而捏造的謊言。保護我們對抗天主的仇敵。從那些用以削弱我們對您聖子之愛的謊言和異端中，使我們得保安全。
請張開我們的眼睛，使我們看清那些謬論、欺騙，以及不期而遇的種種鼓動我們拒絕真理的企圖。阿們。

祈禱運動禱文（147）求天父向拒絕他聖子的人顯示慈悲

天主，我的永生之父啊！我請求祢向那些拒絕祢聖子的人顯示慈悲。我為那些企圖毀滅祢的先知的眾靈魂祈求。我為那些失落的靈魂懇求皈依之恩，並請求祢幫助祢所有子女預備好自己的靈魂，改進自己的生活，以符合祢的聖意，以期待祢愛子耶穌基督的第二次降臨，阿們。

祈禱運動禱文 (148) 請來助佑我

耶穌說：「你們今天就走近我身旁，並向我呼求幫助，不用擔心會遇上什麼掛慮。當你們遇上不幸時，誦唸這篇特別的禱文，我一定會回應你們。」

我的耶穌啊！在我極慘痛的時刻，請來幫助我。請把我擁入祢的懷抱，並帶我進入祢聖心的避難所。請擦乾我的眼淚。請使我平靜下來，提升我的心神，並以祢的平安充滿我。請恩准我這個特殊的請求（說明意願）。親愛的主，請來援助我，使我的請求得到回應，我的生活變得安寧，且結合於祢。如果我的請求不獲恩准，請以恩寵充盈我，以相信祢的聖意是為了我靈魂的益處，並使我能懷著親切和善的心意，永遠忠於祢的聖言。阿們。

祈禱運動禱文 (149) 尋求天主的愛

耶穌啊！請以天主的愛充滿我。請以祢神聖的光充滿我，並以我所需要的愛浸潤我，使我能向萬民撒播天主慈悲的種子。

請使祢的聖愛經由我傳遞給所有與我相關的人。請擴散祢的愛，使之臨於所有靈魂、所有信仰、所有宗教、所有民族，有如給大霧籠罩，把所有天主子民聚攏一起。

請幫助我們來傳揚天主的愛，使其得以征服世上所有邪惡。阿們。

祈禱運動禱文（150）拯救非信徒的靈魂

親愛的耶穌，我請求祢拯救那些並非因自身過失而拒絕承認祢的人。我把我的痛苦奉獻給祢，為使那些拒絕祢的靈魂得以帶回來給祢，亦為祢即將向整個世界傾注的慈悲。請垂憐他們的靈魂，帶他們進入祢天國的避難所，並寬赦他們的罪過。阿們。

祈禱運動禱文 (151) 捍衛我們的信仰

天主聖母，瑪利亞無玷聖心，救恩之母，請為我們祈禱，使我們時刻忠於天主的真理。請使我們準備好捍衛信仰，支撐真理和拒絕異端。請在艱難時期保護您的孩子，當我們面臨抗拒真理和背棄您聖子的挑戰時，請恩賜我們每人所需的剛毅之恩。
天主聖母，請為我們祈求天主的干預，好使我們成為與天主聖言相符的基督徒。阿們。

祈禱運動禱文（152）請在我無助時援助我

親愛的耶穌，請在我無助時援助我。使我擺脫罪惡，並請開啟我的眼睛、我的心和我的靈魂，以面對惡魔的謊言及其邪惡途徑。當我心中感到仇恨時，請以祢的愛充盈我。當我感到悲傷時，請以祢的平安注滿我。
當我軟弱時，請以祢的力量充實我。
請從我自陷的牢獄中釋放我，使我獲得自由，並在祢神聖的懷抱裡得保平安。阿們。

祈禱運動禱文（153）為子女祈求保佑 *（每週誦唸一次）*

救恩之母說：「你們須在我這極愛你們的母親的聖像前，每週誦唸這篇禱文一次，並在誦唸前以聖水祝福自己。」

天主聖母，救恩之母啊！我求您聖化這些孩子（說出他們的名字）的靈魂，懇求您把他們獻給您的愛子。請祈求耶穌以祂寶血的德能覆庇他們，想方設法保護這些幼小的靈魂免陷於邪惡。

親愛的母親，我懇求您在所有重大危機中保護我的家庭，並使您的聖子樂於垂顧我的請求，好使我的家庭與基督結合為一，並蒙賜永遠的救恩。阿們。

祈禱運動禱文（154）《救恩之母慶節》禱文

*救恩之母說：「我宣佈這天，2014 年6 月4 日是『救恩之母的慶節』。這一天，當你們誦念這篇經文時，我會為所有靈魂，特別是那些處於極度黑暗中的靈魂，獲得救恩這份厚禮而介人代禱。」*救恩之母啊！今天，六月四日，救恩之母的慶節，我把這些靈魂（說出他們的名字）置於您面前。

親愛的聖母，請賜我和那些尊敬您，以及那些分發救恩聖牌的人一切護佑，以抵禦那邪惡者和所有拒絕您愛子耶穌基督的慈悲、以及拒絕祂贈予人類的一切恩賜的人。親愛的母親，請您為所有靈魂都能獲賜永遠的救恩代禱。阿們。

祈禱運動禱文（155）為捍衛救贖世人這使命祈禱

救恩之母說：「我親愛的孩子，我請求你們為所有把自己的一生獻給天主的召叫和這個使命的人祈禱。這是為所有天主的先知、神視者和聖僕祈求的禱文，好使他們在天主履行祂的『最後盟約』時能持續事奉祂。」

親愛的救恩之母啊！請垂聽我們的禱告，以為捍衛救贖世人的使命和保護天主子女。為了那些在這偉大的歷史性時刻違抗天主聖意的人，我們獻上祈禱。
我們求您保護那些為了從天主仇敵手中拯救所有人，而回應您的召叫和天主聖言的人。請協助釋放那些因邪惡者的謊言而淪為犧牲品的靈魂，使他們睜開眼睛正視真理。
救恩之母啊！在我們這個因您愛子耶穌基督之名而受苦的時期，請幫助我們這些可憐的罪人，使我們配得起接受堅忍的恩賜。請從各種危害中保護這使命。請從迫害中保護您的子女。我們今後的一生歲月，由現在直到永遠，每次在宣講真理，傳揚天主的聖言而受到挑戰時，請以您的至聖斗篷覆庇我們所有人，並惠賜我們堅持信仰的恩典。阿們。

祈禱運動禱文（156）保護我們免陷於仇恨

親愛的耶穌，請把祢的愛賜給我，並開啟我的心，使其懷著感恩接受祢的愛。因著聖神的德能，請以祢的愛光照我，使我成為祢慈悲的燈塔。
請以祢的愛環繞我，讓我在傳播祢聖言的訊息時，藉著我對祢的愛，消解所遇到的各種仇恨。請向我們傾注祢的慈悲，並寬恕那些拒絕祢，侮辱祢，以及漠不關心祢的天主性的人，並賜給他們愛的恩賜。
在這缺乏信德、信仰薄弱的時期，在這受考驗和受苦的時期，讓祢的愛照亮我們，並以聖神的德能幫助我把真理帶給那些最需要祢的助佑的人。阿們。

祈禱運動禱文（157）為那些奴役於邪惡者的靈魂祈禱

親愛的耶穌啊！請釋放那些被假神和撒旦奴役的靈魂。請幫助我們藉著我們的禱告，從附魔的痛苦中援救他們。
請在他們被撒旦拘押為質並帶進地獄深淵前，打開他們的囚牢，並將通往天主王國的路徑指示給他們。
我們哀求祢，耶穌，請以聖神的德能覆庇他們，使他們能尋獲真理，並幫助他們鼓起勇氣棄絕惡魔的誘惑和邪惡。阿們。

祈禱運動禱文（158）保護免陷於世界大一統宗教*（每天唸三次）*

救恩之母說：「為保證自己在拿起我聖子的十字聖架背在自己的肩膀時，能夠時刻堅定、剛毅、冷靜和心平氣和，你們必須常常誦唸這篇《祈禱運動禱文》。你們當中很多人，會發覺要接受這些快要來臨的事情非常困難，因此每天都要誦唸這篇《祈禱運動禱文》（158）三次的日子快將來到了，因為那些事情會使你們感受到，那強迫你們要否認我聖子的壓力，非常嚴峻。」
親愛的耶穌，請保護我免陷於那並非來自祢的「世界大一統新宗教」的邪惡勢力。維護我在我的自由的旅程中，都沿著走向祢神聖王國的途徑。
在任何時刻我受到折磨時，被迫吞下祢仇敵為摧毀靈魂所散播的謊言時，都使我一直跟祢同聲同氣。
請幫助我忍受迫害，一直堅持天主的真實話語，去抗拒脅迫我接受的虛假教義和其他褻瀆行為。
因著我的自由意志這厚禮，請帶我進入祢王國的領域，使我在真理被宣佈為謊話時，能挺身而出去宣揚真理。
在面對迫害時，永不要讓我躊躇不前，猶疑不決或因害怕而逃跑。請幫助我在我有生之年，對真理一直保持堅定和不動搖。阿們。

祈禱運動禱文（159）祈求擁有天主的愛

救恩之母啊！當我懇求得到天主的愛時，請為我代禱。請以天主的愛充滿我的靈魂，一個空洞的器皿，這樣，當它滿溢時，將能澆灌那些我力圖憐憫的靈魂。
藉著天主的德能，我祈求我心中可能潛藏著對您聖子的叛徒的恨意獲得釋放。請賜我心神謙卑，並注滿寬仁友善，好使我能隨從基督的教導，讓祂的愛融入我生命的每一層面。阿們。

祈禱運動禱文（160）幫助我更愛祢

救恩之母說：「為了堅持忠於耶穌基督，你們必須無條件地愛祂。真誠地愛祂乃是一大祝福，且是來自天主的一份恩賜。對於那些對我聖子的愛已經減弱的人，我要求你們誦唸這篇禱文。」

我的耶穌啊！世界的救主，請幫助我更愛祢。幫助我加深對祢的愛。請以祢的愛和憐憫充滿我的心，使我獲得恩寵，能以祢愛我的方式來愛祢。
請使我這負恩的靈魂，對祢和祢所代表的充滿深切而持久的愛。
藉著祢恩寵的德能，幫助我愛我的近人，像祢愛每個天主子女一樣，並向那些需要祢的愛的人，以及無信德的人流露憐憫。
請使我與祢結合，使我能照祢在世的言傳身教，活出基督徒的生命。阿們。

祈禱運動禱文（161）祈求信心與平安

耶穌，我信賴祢。請使我更愛祢。賜我信心，為能最終與祢圓滿結合而完全交付自己。在艱難時期，請助我強化對祢的信賴。請以祢的平安充滿我。親愛的耶穌，我來到祢面前，像一個擺脫了所有世俗羈絆的孩子，無條件地將我的自由意志交付於祢，請為了我和其他人靈的益處而運用它。阿們。

祈禱運動禱文（162）保護弱勢者和無辜者

全能的天主聖父啊！請保護那些在心存憎恨者手中受苦的弱勢者與無辜者。請減輕祢可憐無助的子女所受的痛苦。
請賜給他們所需要的各種恩寵，以保護自己免受祢仇敵所害。請以勇敢、希望與仁愛充滿他們，使他們能在內心翻出這些美德去寬恕折磨他們的人。
親愛的上主，我永生之父，我懇求祢寬恕那些藐視「生命律法」的人，幫他們看清自己的作[illegible]如何觸犯了祢，好使他們能糾正自己的生活方式，並在祢的聖懷裡尋得安慰。阿們。

祈禱運動禱文 (163) 拯救我脫離迫害

耶穌說：「當混亂折磨著世界，並愈來愈加劇時，為了保護自己， 你們必須放下所有武裝，把一切自我保護行為交付給我，然後以下面的禱文呼求我。」
耶穌啊！請在他人藉祢聖名迫害我的痛苦中保護我。請使我蒙祢聖心所喜愛。解除我靈魂內的驕傲、貪婪、惡毒、私己和仇恨。助我真誠地把自己交付於祢的慈悲。請帶走我的恐懼。請幫我卸下痛苦重擔，並使所有迫害遠離我，使我能像小孩一樣跟着祢，深信所有事物都在祢掌控之中。
請從那些自稱屬於祢實則否認祢的人所展露的仇恨中釋放我。請不要讓他們的鋒利舌頭鞭打我，也不要讓他們的惡行使我偏離真理之路。請幫助我只專注於祢正在來臨的王國，並堅持下去，持守尊嚴面對任何因祢的緣故應忍受的侮辱。請賜我心智平安，心境平安，靈魂平安。阿們。

祈禱運動禱文（164）祈求世間各國和平相處 *（應每天誦唸）耶穌說：「請你們每天都為你們的國家誦念這篇祈求和平的《祈禱運動禱文》。」*

耶穌啊！請帶給我和平。 請給我的國家和所有那些由於戰爭而四分五裂的國家帶來和平。請在那些假正義之名，使世人飽受苦難的心靈頑硬者心中撒下和平的種子。

請賜恩寵給天主的所有子女，以接受祢的和平，使能在愛與和諧中茁壯成長；使天主的愛能戰勝邪惡，而靈魂可以從腐敗的謊言、殘酷的行為和邪惡的野心中被拯救出來。

請讓所有向祢聖言的真理奉獻自己生命的人，以及那些完全不認識祢的人，得享和平的管治。 阿們。

祈禱運動禱文（165）為永生這份恩賜

耶穌，請幫助我相信祢的存在。請賜給我一個標記，好使我的心靈能回應祢。請以我所需的恩寵充滿我空洞的靈魂，使能向祢的愛打開我的心智和心靈。請憐憫我，並洗淨我的靈魂一生中所犯下的每一個錯誤言行。請原諒我拒絕祢，但請以我所需的愛充盈我，使我堪配獲得永恆的生命。

請幫助我認識祢，在其他人身上看到祢的臨在；並請以恩寵充滿我，使我能在祢所恩賜給人類的每一件美好禮物中，認出天主的標記。請幫助我理解祢的處事方式，並當我的靈魂感到與祢分開並昏黑一片的痛苦時，請拯救我。阿們。

祈禱運動禱文（166）減少無辜者被屠殺

最親愛的救恩之母，請向您的愛子耶穌基督呈上這個禱告，我們祈求能減少無辜者被屠殺。
我們祈求種族滅絕的威脅，以及施於天主子女的種種形式迫害和恐怖行為，因著祂的慈悲，得以一一消除。我們懇求您，親愛的救恩之母，請垂聽我們身處這涕泣世界中，對愛、合一及和平的哀求。我們祈求人子耶穌基督，在地球這個大痛苦和大蒙難時期，保護我們每一個人。阿們。

祈禱運動禱文（167）保護我的家庭

天主啊！我永恆的天父，因著祢愛子耶穌基督的恩寵，請保護我的家庭時刻都免陷於邪惡。請賜我們不受邪惡影響的力量，並使我們時刻都在愛祢和彼此相愛中合一共融。請支援我們能經得起每一考驗和痛苦，並使我們彼此間的互愛充滿活力，好使我們能與耶穌合而為一。
請降福我們的家庭，並且——即使在爭吵的時刻——賜給我們愛這份大禮。請加強我們的愛心，好使我們能與他人分享我家的天倫之樂，因而使普世都可以得沾祢的慈愛。阿們。

祈禱運動禱文 (168) 祈求天主愛的恩賜

最親愛的天父啊！永恆的天父啊！至高無上的天主！請讓我堪配接受祢的愛。請原諒我傷害了他人，以及一切給祢的孩子造成痛苦的過錯。請打開我的心，迎接你進入我的靈魂，並淨化我對他人的恨意。請幫助我寬恕我的仇敵，在我每天所到的任何地方，以及我所遇到的任何人當中，播下祢愛的種子。親愛的天父，請賜我毅力和信任的恩賜，以便能維護祢的聖言，因而在這黑暗的世界，使祢的大愛和慈悲的火焰，得以持續發光閃耀。阿們。

祈禱運動禱文（169） 為拒絕基督救恩的人

最親愛的耶穌，因著祢的惻隱和慈悲，我哀求祢拯救那些拒絕祢的靈魂，否認祢的存在的靈魂，故意反對祢的聖言的靈魂，以及其痛苦心靈早已被毒害，因而反對祢天主性的真光和真理的靈魂。請垂憐所有罪人。請原諒那些褻瀆天主聖三的人，並幫助我，以自己的方式，並通過我個人的犧牲，在祢愛心的懷抱內，擁抱那些最需要祢憐憫的罪人。我向祢承諾，通過我的思言行為，竭誠為祢的救恩使命服務。阿們。

祈禱運動禱文（170 ）維護天主的聖言 *（聖職人員每天誦唸）*
耶穌說：「我親愛的女兒，此刻，我的心是如此破碎。叛逆者刺透了我的肋旁，而地球現在正被我傾出的哀傷氾濫，它是如此強烈，使我無法得到慰藉。 現在，我要問我聖僕當中，誰還堅強得足以維護真理？現在賜給你們最後一篇《祈禱運動禱文》。它是為司祭的。我要求我的聖僕每天都誦唸它。」
親愛的主，我敬愛的耶穌基督啊！請緊抱著我。請保護我。
若我唯一的*罪過*是維護天主聖言的真理時，請以祢聖容的光輝持守我，因為我所受到的迫害非常劇烈。請助我尋獲任何時刻都竭誠事奉祢的勇氣。當我爭取捍衛祢的教誨而受到強烈反對時，請賜給我祢的剛毅和祢的力量。
耶穌，請永不要拋棄我！在我需要時，請供給我為繼續侍奉祢所需要的一切，藉著施行聖事——特別是彌撒聖祭所祝聖的、祢寶貴的聖體聖血——為祢的子民服務。耶穌，請祝福我！請與我同行！請在我內憩息！請留在我身邊！阿們。

主耶穌要求所有《祈禱運動小組》在每次聚會開始和結束時，須誦唸這篇禱文：

祈禱運動禱文（96）降福和保護我們的《祈禱運動小組》

親愛的耶穌啊！請降福和保佑我們，祢的《祈禱運動小組》，使我們在拯救靈魂的神聖使命上，不至受阻於魔鬼的邪惡攻擊和折磨。賜予我們保持忠誠和堅強，使我們在世人面前堅持祢的聖名，並永不放棄奮力傳揚祢聖言的真理。阿們。

天主賜的其他禱文

除《祈禱運動禱文》和《連禱文》之外，神聖慈悲瑪麗亞也收到額外的禱文。

天主聖父：為獲得進入新地堂的鑰匙的禱文
（2013 年 4 月 10 日， 週三下午 4 點 45 分）
親愛的父親，是我，祢迷失的孩子，如此困惑和盲目，沒有祢的幫助、祢的愛，我一無是處。請藉著祢聖子耶穌基督的愛拯救我，並賜我進入祢世上新地堂的鑰匙。阿們。

為獲得救贖的禱文（2010 年 11 月 16 日，週二上午 9 時 55 分 ）
我主啊！ 帶我進入祢的王國，從吞噬我靈魂的黑暗中保護我。耶穌聖心啊！ 懇求祢此時俯聽我，因祢的良善，讓祢的愛和庇護之光透射我所在的黑暗。阿們。

無神論者的禱文（2010 年 11 月 18 日，週四 9 時正）
天主，如果祢是真理，請將祢慈愛的標記揭示給我。開啟我的心接受引導。如果祢存在，讓我感覺到祢的愛，使我能看到真理。請祢現在為我祈禱。阿們。

為對祈禱者嘲笑、取笑或表面上流露出輕視的非信徒誦唸的禱文
（2010 年 11 月 21 日，主日淩晨 1 時 30 分）
我親愛的主，我伸出雙臂向祢懇求，把我摯愛的兄弟姐妹環入祢溫柔的懷抱裡。請透過祢的聖血祝福他們，並賜給他們所需的恩寵，使他們接受祢慈愛之神，並被帶入永恆的救恩。阿們。

祈求耶穌揭示給你祂的臨在的禱文
（2010 年 11 月 22 日，週一上午 2 時正）
耶穌，我感到迷茫失落。求祢打開我的心來接受祢的愛，並把真理啟示給我，好使我得救。阿們。

為歸化他人的禱文（2011 年 4 月 16 日，週六上午 10 時正）
耶穌，因祢神聖的慈悲，我求祢速用寶血覆庇那些不冷不熱的靈魂，好使他們得以歸化。阿們。

祈求獲得鼓勵的禱文（2011 年 5 月 10 日，週二下午 4 時正）
主啊，求祢現今以聖神的恩賜充滿我，使我將祢的至聖聖言帶給那些我因祢的名必須協助拯救的罪人。藉著我的祈禱，請祢幫我用寶血覆庇他們，好使他們被吸引到祢的聖心。請賜給我聖神的恩賜，好使這些可憐的靈魂沉醉於祢的新地堂。阿們。

每天祈禱的禱文（2011 年 7 月 24 日，周日下午 11 時正）
我寶貴的耶穌啊！將我擁入祢的懷抱，讓我的頭憩息在祢肩上，好使祢能適時把我提升到祢的光榮國度。讓祢的寶血流過我的心，使我們可以共融合一。阿們。

祈求使自己能看到這些訊息是源自天主的禱文
（2011 年 8 月 15 日，週一淩晨零時正）
耶穌，如果這確實是祢的話，請以祢愛的標記覆蓋我的靈魂，好使我能認出祢是誰。不要讓我被謊言矇騙。相反，開啟我的眼睛，看到真理和前往祢世上新地堂的途徑，而向我顯示祢的慈悲。阿們。

怎樣唸玫瑰經

唸玫瑰經前的禱文

至聖玫瑰之后，您屈尊來到法蒂瑪，向三個牧童揭示了藏在玫瑰經中的恩寵珍寶。求您賜我真誠地喜愛這敬禮，藉著內心默想玫瑰經中複述的二十端救贖奧跡，使我從它的果實得到滋養，並為世界獲得和平、罪人與俄羅斯皈依，以及我唸這玫瑰經所求於您的恩典（提出請求）。我這樣祈求，是為天主更大的光榮和妳的榮耀，並為人靈的益處，尤其為我靈魂的益處。阿們。

天主經

我們的天父，願祢的名受顯揚，願祢的國來臨，願祢的旨意奉行在人間，如同在天上。求祢今天賞給我們日用的食糧，求祢寬恕我們的罪過，如同我們寬恕別人一樣，不要讓我們陷於誘惑，但救我們免於凶惡。阿們。

聖母經

萬福瑪利亞，您充滿聖寵，主與您同在。您在婦女中受讚頌，您的親子耶穌同受讚頌。天主聖母瑪利亞，求您現在和我們臨終時，為我們罪人祈求天主。阿們。

聖三光榮經

願光榮歸於父，及子，及聖神；起初如何，今日亦然，直到永遠。阿們。

聖母在法蒂瑪啟示我們在每一端玫瑰經完結時誦唸以下的禱詞，亦稱「法蒂瑪聖母禱詞」

吾主耶穌，求祢寬恕我們的罪過，救我們免地獄永火，請祢把眾人的靈魂，特別是那些迫切需要祢憐憫的靈魂，領到天國裡去。

使徒信經

我信全能的天主父，天地萬物的創造者。我信父的唯一子，我們的主耶穌基督。祂因聖神降孕，由童貞瑪利亞誕生。祂在比拉多執政時蒙難，被釘在十字架上，死而安葬。祂下降陰府，第三日自死者中復活。祂升了天，坐在全能天主父的右邊。祂要從天降下，審判生者死者。我信聖神。我信聖而公教會，諸聖的相通。罪過的赦免。肉身的復活。永恆的生命。阿們。

又聖母經

萬福母后！仁慈的母親，我們的生命，我們的甘飴，我們的希望。厄娃子孫，在此塵世，向您哀呼。在這涕泣之谷，向您歎息哭求。我們的主保，求您回顧，憐視我們，一旦流亡期滿，使我們得見您的聖子，萬民稱頌的耶穌。童貞瑪利亞，您是寬仁的、慈悲的、甘飴的。天主聖母，請為我們祈求，使我們堪當承受基督的恩許。阿們。

唸完玫瑰經後的禱文

天主，祢的唯一聖子的降生、死亡與復活，為我們獲取了永生的賞報，懇求祢幫助我們，因著默想聖母玫瑰經的奧跡，能效法奧跡的啟示，並得到其中許諾的恩典，因我們的主基督。阿門。

誦唸玫瑰經的方法：

1. 劃十字聖號，唸信經
2. 唸天主經
3. 聖母經 (三遍)
4. 聖三光榮經
5. 歡喜/光明/痛苦/榮福一端奧跡及默想；天主經；聖母經(十遍)；
   聖三光榮經；法蒂瑪聖母禱詞
6. 歡喜/光明/痛苦/榮福二端奧跡及默想；天主經；聖母經(十遍)；
   聖三光榮經；法蒂瑪聖母禱詞
   如此依次唸第三、四、五端奧跡
7. 又聖母經

最好每日誦唸包括歡喜、痛苦、榮福在內的三串(十五端)以上，若只能誦唸一串(五端)的話，教會提議星期一、六專注歡喜奧跡；星期二、五專注痛苦奧跡；星期三、日專注榮福奧跡；星期四專注光明奧跡。但星期日可按教會節日而選唸適合的玫瑰經奧跡。

歡喜一端：聖母領報
歡喜二端：聖母往見聖婦依撒伯爾
歡喜三端：耶穌基利斯督降誕
歡喜四端：聖母獻耶穌於主堂
歡喜五端：耶穌十二齡講道

光明一端：耶穌在約旦河受洗
光明二端：耶穌參加加納婚筵
光明三端：耶穌宣講天國的福音
光明四端：耶穌顯聖容
光明五端：耶穌建立聖體聖事

痛苦一端：耶穌山園祈禱
痛苦二端：耶穌受鞭打酷刑
痛苦三端：耶穌受刺冠之苦辱
痛苦四端：耶穌背負十字架
痛苦五端：耶穌被釘死在十字架上

榮福一端：耶穌復活
榮福二端：耶穌升天
榮福三端：聖神降臨
榮福四端：聖母升天
榮福五端：天主光榮聖母

怎樣誦唸《神聖慈悲串經》

(可使用普通的玫瑰經唸珠)

1. 一遍天主經
2. 一遍聖母經
3. 一遍信經
4. 在唸珠每端前的每一粒大珠誦唸：

   『永生之父，我把祢至愛之子，我們的主救主耶穌基督的聖 體、聖血、靈魂及天主性奉獻給祢，以賠補我們及普世的罪過。』

5. 在唸珠每端內的每一粒小珠誦唸：

   『因祂的至悲慘苦難，求祢垂憐我們及普世。』

6. 五端後的結束禱文：

   『至聖天主、至聖強有力者、至聖長存者，求祢垂憐我們及普世。』〔誦唸三遍〕

在結束禱文之後誦唸由基督給予以下的特殊禱文：

『主啊！求祢現今以聖神的恩賜充滿我，使我將祢的至聖訊息帶給眾罪人、那些我必須因祢的名協助拯救的罪人。藉著我的祈禱，請祢幫我用祢的寶血覆蓋他們，好使他們能被吸引到祢的聖心。請賜給我聖神的恩賜，好使這些可憐的靈魂能夠陶醉在祢的新地堂。阿們。』

基督的第二次來臨已接近

這本小冊子所載的禱文 – 170 首祈禱運動禱文及 6 首連禱文 – 乃先知神聖慈悲瑪麗亞（ Maria Divine Mercy）所說， 至聖三位一體天主及萬福天主之母於2011年至 2014 年期間向她默啟的。

這些禱文乃藉著連續的預言性訊息默啟給她的。這些訊息始於 2010 年 11 月，至 2015 年 3 月 4 日暫停， 其內容已收集在 「真理書」(The Book of Truth) 第一至第三冊。

她說：主耶穌要求整個世界預備祂的第二次來臨，因此，我們必需在全球以「祈禱運動小組」方式連結起來，祈求每一個人有機會歸向祂及得到救贖。

雖然時間無多，但耶穌仍伸出祂的手與我們修和，祂不願任何靈魂喪亡，無論我們偏離祂多遠。我們必需利用這本祈禱冊子祈禱， 祈願這世界能作出回應，以便所有人能作為祂的朋友進入天主的永恆王國。

www.ingramcontent.com/pod-product-compliance
Ingram Content Group UK Ltd.
Pitfield, Milton Keynes, MK11 3LW, UK
UKHW020237250726
13967UKWH00001B/427

9 780359 014804